イエス・キリストに聞く
「同性婚問題」
性と愛を巡って

RYUHO OKAWA
大川隆法

本霊言は、2013年7月31日(写真上・下)、幸福の科学総合本部にて、
質問者との対話形式で公開収録された。

まえがき

神の教えはシンプルなほうがわかりやすい。

モーセの十戒の七番目には「姦淫《かんいん》するな」という教えがあり、イエス・キリストの教えの中にも異性への姦淫を戒める教えと、その罪を許す教えの双方が説かれている。仏教でも五戒の中には、姦淫を戒める教えはある。

そうであれば、歴代の神父・牧師や僧侶・尼が地獄《じごく》に堕《お》ちるのを恐れて、異《い》性《せい》に罪悪感《ざいあくかん》を抱《いだ》いていたことは疑いようがない。その結果、同性愛や同性婚に逃げ込む流れも出てきたようだ。ギリシャの哲学者はもとより、修道院や僧院にも同性愛者は出てきた。

現代ではキリスト教国を中心に、同性婚を認める憲法改正や判例が相次いでいる。男女の平等化が単性化《たんせいか》へと向かっているのだろう。現代、日本では、結婚は「両性の合意」に基づくことになっているので、改憲なくして同性婚は認められない。

八次元の如来界以上は、本来男女の別はないので、異性婚《いせいこん》は、地上での肉体修行上の方便ではあろう。幸福の科学でも、男女の別なく、「主よ、愛してます。」という人が多くなってきた。

私としては、地上を魂修行の場として連綿《れんめん》と継続するためには、本則としては、男女が結婚して家庭を営むべきかとは思っているが、イエス・キリストは、この問題にどう答えるか。じっくりと本文を読んで頂きたい。

二〇一三年　八月八日

幸福《こうふく》の科学《かがく》グループ創始者兼総裁《そうししゃけんそうさい》

大川隆法《おおかわりゅうほう》

イエス・キリストに聞く「同性婚問題」　目次

イエス・キリストに聞く「同性婚《どうせいこん》問題」

――性と愛を巡《めぐ》って――

二〇一三年七月三十一日　イエス・キリストの霊示《れいじ》
東京都・幸福の科学総合本部にて

3　キリスト教世界に潜《ひそ》む「問題の本質」　62

6　イエス・キリストの「現在の仕事」　107

「霊言現象《れいげん》」とは、あの世の霊存在の言葉を語り下ろす現象のことをいう。これは高度な悟《さと》りを開いた者に特有のものであり、「霊媒現象《れいばい》」（トランス状態になって意識を失い、霊が一方的にしゃべる現象）とは異なる。外国人霊の霊言の場合には、霊言現象を行う者の言語中枢《ちゅうすう》から、必要な言葉を選び出し、日本語で語ることも可能である。

なお、「霊言」は、あくまでも霊人の意見であり、幸福の科学グループとしての見解と矛盾《むじゅん》する内容を含《ふく》む場合がある点、付記しておきたい。

イエス・キリストに聞く「同性婚《どうせいこん》問題」

――性と愛を巡《めぐ》って――

二〇一三年七月三十一日　イエス・キリストの霊示《れいじ》
東京都・幸福の科学総合本部にて

イエス・キリスト（紀元前四〜紀元二九）

キリスト教の教祖で九次元大霊《たいれい》の一人。エルサレムで十字架《じゅうじか》に架けられ処刑《しょけい》されたが、やがて復活した。その後、その生命体の一部が、南米のケツァルコアトル、帝政《ていせい》ロシアの文豪《ぶんごう》トルストイとして地上に生まれている（『太陽の法』『黄金の法』『2012年人類に終末は来るのか？』『トルストイ——人生に贈《おく》る言葉』〔いずれも幸福の科学出版刊〕参照）。

質問者　※質問順

綾織次郎《あやおりじろう》（幸福の科学上級理事　兼《けん》「ザ・リバティ」編集長）

天雲菜穂《てんくもなお》（幸福の科学第一編集局長）

磯野将之《いそのまさゆき》（幸福の科学理事　兼　国際エル・カンターレ信仰《しんこう》伝道局長）

［役職は収録時点のもの］

1　キリスト教国を揺《ゆ》るがす大きなテーマ

どうしても詰《つ》めておかないといけない「同性婚問題《どうせいこんもんだい》」

大川隆法　今日のテーマは、「同性婚《どうせいこん》問題」という、少しきついものです。先ほどから私はウンウン言っているので（笑）、おそらく何か支障はあるのでしょう。

今日は、この問題について、イエス・キリストから話を聞くわけですが、このテーマは、世界の趨勢《すうせい》から見て、一度、どうしても詰《つ》めておかないといけない論点なので、トライしてみようと思っています。

同性婚については、最近認めたフランスまで入れて十四カ国が認めており、次にアメリカがもう認めそうな情勢です。州法ではニューヨーク州が認めましたし、ほかの州も幾《いく》つか認めています。同性婚を認める判決が最高裁で出ているので、憲法的にも認められるかたちになりそうな情勢なのです。

また、オバマ大統領自身が、大統領選挙での演説や就任演説等において、「レッド・ステイト（共和党支持者が多数を占《し》める州）もブルー・ステイト（民主党支持者が多数を占める州）もない。ブラック（黒人）もホワイト（白人）もない。ゲイ（同性愛者）もストレート（異性愛者）もない」ということを、繰《く》り返し言っています。

「ゲイもストレートも区別はない。イコール（平等）だ」という言い方をし、両者がもともと平等であることを発信し続けているので、この影響《えいきょう》もかなり出ているのではないかと推定しています。

プロテスタント国のほうに影響が早く出るのは当然だと思いますが、今、カトリック国のほうにも影響は及《およ》んできています。

同性婚《どうせいこん》について、微妙《びみょう》な言い方をした新ローマ法王《ほうおう》

大川隆法　新しいローマ法王《ほうおう》は、最近、ブラジルへ巡錫《じゅんしゃく》に行きましたが、今朝の「ヘラルド・トリビューン」紙や、日本の一部の新聞には、この問題についての法王の発言が載《の》っており、彼は微妙《びみょう》な言い方をしています。

要するに、「信仰《しんこう》があって正しい生き方をする人、信仰を持つ善人が、同性愛者であったり、同性婚《どうせいこん》を肯定《こうてい》したりしても、自分は、それを裁く立場にはない。カトリックの教義を変えるつもりはないけれども、その人を裁く立場には

ないのだ」というような、賛成と反対のどちらにでもスタンスを取れるような言い方をしているのです。

なぜ、そういう言い方をするのでしょうか。

実は、宗教も、大きくなると、かなり政治的な勢力になり、信者は宗教指導者の政治的な意見を聞くようになります。

完全なカトリック国、あるいは完全なプロテスタント国になっていれば、話は楽なのですが、両方が混ざっている国もあります。

そういう国の大統領や首相などの政治家は、支持層を広げようとすると、片方から徹底《てってい》的に嫌《きら》われるような政策を打ち出しにくいのです。そのため、両方に対し、よい顔をしようとすることになります。

南米のカトリック国でも、カトリックの比率が減り、プロテスタントが少し増えてきつつある状況《じょうきょう》なので、そういうなかにあって、なし崩《くず》しに信者を減らされないよう、法王も政治的に発言している可能性があるのです。

水面下では流動的に動いているキリスト教世界

大川隆法　今日は同性婚の問題をイエスにぶつけますが、こちらが下手な訊《き》き方をし、イエスが下手な答え方をした場合には、どうなるでしょうか。

例えば、イエスが、「もちろん、(同性婚は)ＯＫです」とストレートに答えた場合には、「プロテスタントの勝ちで、カトリックの負け」ということになり、カトリックのほうは総崩れになる可能性があります。

逆に、イエスが、「もちろん、ノーです。それを認めるのは間違《まちが》っています」と答えた場合には、プロテスタント国のほうが〝地獄《じごく》行き〟になるので、もう一度、ルターの時代に戻《もど》って、カトリックとプロテスタントが互《たが》いに相手を「間違っている」と言う、「宗教戦争の時代」になる可能性があります。

しかし、実際には、表《おもて》では建前《たてまえ》を述べながら、裏では、水面下では、いろいろと流動的に動いていると思われます。

例えば、カトリックのほうでは、もちろん、同性愛は駄目《だめ》ですが、「避妊《ひにん》も堕胎《だたい》も駄目」ということに、いちおう公式になっています。しかし、なぜか、カトリック国では人口が調整されていて増えていません。

したがって、教会の日曜日の教えと〝金曜日〟の教えとでは、おそらく違う可能性があります。あるいは、イラクの人たちがスイスに行って酒を飲んでいるような感じで、プロテスタント国に行って調整がなされているのかもしれません。このへんについて、よくは分かりませんが、避妊や堕胎を禁ずる教えがあるにもかかわらず、なぜか人口が調整されているのです。

このへんの水面下のことについては、十分に分かりかねるものがあります。

『新約聖書』には、同性愛に関するイエスの言葉はない

大川隆法　同性愛の問題を歴史的に見てみると、『新約聖書』には、イエス・キリスト自身が、「同性愛を禁ずる。同性愛をした者は地獄へ堕《お》ちる」というようなことを言っている箇所《かしょ》はないはずです。私の記憶《きおく》にはありません。

ただ、『旧約聖書』には、「同性愛者は地獄に行く」というような教えが出てきています。有名な「ソドムとゴモラ」では、いろいろな悪徳が栄えましたが、そのなかには同性愛も入っていたのではないかと思われます。

ついでながら言っておくと、このへんのことは、最近出た『黒帯英語初段

⑦』（大川隆法編著・宗教法人幸福の科学刊）で、「キリスト教の英語（罪と悪の聖書編）」のなかに出ていたと思うので、一言、宣伝を入れておきます。

イエスの答えが「人」「時」「場所」で違《ちが》う可能性もある

大川隆法　この問題に関して、イエス自身の答えがどうなるか、私にも、はっきりと当てる自信はないのですが、実は、「イエス以外の人は、この問題をどう考えるか」という問題もあります。

「四大聖人《せいじん》（仏陀《ぶっだ》・イエス・孔子《こうし》・ソクラテス）のうち、イエス以外の方々は、どう考えるのか。それから、モーセや他《た》の人たちは、どう考えるのだろうか。孔子なら、どうする？　仏陀なら、どうする？　タイの問題を見て、仏陀は、どうするのか」などということが、いろいろと頭を巡《めぐ》り、これについても、最終結論には至らない可能性があります。

「同性婚等が認められ、そういう生活をした場合、あの世へ行って、どうなるか」ということが、ある程度、統計学的に処理されてくると、結論は、はっきりしてくるのですが、最近の動きに関しては、まだ、それほど経験的な蓄積《ちくせき》が十分ではないので、どうなるかが、はっきりとは分からないところがあるのです。同性婚等は、今、認められようとしているところなので、そのへんの難しさがあると思います。

なお、イエスが〝本当〟のことを言うかどうか、分からないところもあります。もしかすると、「人」と「時」と「場所」によって答えが違《ちが》う可能性がありますそういう気がしてしかたがありません。

今日は、「なるべく柔軟《じゅうなん》な人を質問者として出してください」と言っておいたのですが、ガチガチの人が出てきたら、その人に合った答えしか言わない可能性がありますし、緩《ゆる》い人が出てきたら、緩い答えが出てくる可能性もあるので、どうなるか、分からない気がするのです。

ちなみに、今日、私は半袈裟《はんけさ》を着けてきてしまったので、「しまった！」と思っています。こうなると、イエスとしては、フォーマルな答えをしなければいけなくなるかもしれません。何となく、「横になって肘《ひじ》をつき、ワインを飲みながら話すと、出てくる答えは違うものになる可能性があるのではないか」という気が、しないでもないのです。

この問題は、今後、カトリック系とプロテスタント系のキリスト教国に大きな影響が出るものなので、イエスが答えるか答えないか、あるいは答えに条件を付けるか、どうなるか分からないわけです。

「同性婚《どうせいこん》を認めると国が滅《ほろ》ぶ」と考えている天照大神《あまてらすおおみかみ》

大川隆法　天照大神《あまてらすおおみかみ》は、最新刊の『天照大神の未来記』（幸福の科学出版刊）において、同性婚《どうせいこん》について訊かれ、「それを認めた国は、キリスト教国がほとんどでしょうが、百年以内に滅《ほろ》びます」というようなことを、はっきりと言っているので、「同性婚反対」の立場だと思われます。

国が滅びる。そういう面はあると思います。

男女が結婚しなければ、子孫は、だんだん減っていくでしょう。養子というものもあるかもしれませんが、子孫がだんだん減っていくのは間違いないので、「同性婚は国力の衰退《すいたい》と国の滅亡《めつぼう》につながる」という考えは、あって当然でしょう。

ただ、「国なんか、どうでもよくて、私たちの現在の幸福や自由のほうが大事だ」という考えも当然あるでしょうから、同性婚反対とは違う見解もありえます。

そのように、天照大神から意見が出たので、ほかの神からも意見を聞いておかないといけないのではないかと思います。

現在、さまざまな問題で揺《ゆ》れているバチカン

大川隆法　当会の国際本部系では、同性婚やそれに関連する問題に、外国で現実に直面し、支部長や精舎《しょうじゃ》館長は、実は困っているのかもしれません。ただ、テーマが同性婚だけだと、やや狭《せま》くなると思うので、もし話の内容に広がりが出るようでしたら、その周辺の問題についても、イエスの見解を聞いてみたい

と思います。

本当は、キリスト教徒たちが持っている疑問は数多くあると思われるので、彼らとしては、「イエスは、これについて、どう考えるのか」ということを訊きたいところでしょう。

ローマ法王であっても、結局、時の流れ、世の中の動きや政治の動きに合わせて、けっこう見解を変えています。

最近、「ローマ法王が生前に退位する」という、約六百年ぶりのことも起きましたが、その背景には金銭《きんせん》問題等もありました。

ある司教は、プライベート・ジェットで外国から密輸をしようとしたとして、イタリアの当局に踏《ふ》み込《こ》まれてしまいましたが、そのような金銭問題のほか、バチカン銀行の不正問題等も出てきています。

また、司教等の同性愛的な問題や、あるいは、そうした同性愛も絡《から》んで、「年若い者への性的虐待《ぎゃくたい》があったのではないか」ということも疑われており、いろいろなものがスキャンダルの渦中《かちゅう》にあると思います。

そういう意味では、現在のバチカンは、すごく揺《ゆ》れていて、新しいローマ法王も、実は極《きわ》めて苦しい立場にあるのではないかと考えられます。

イエス以外の四大聖人《せいじん》等は、同性婚《どうせいこん》をどう考えるのか

大川隆法　同性婚《どうせいこん》等の問題について、例えば、「哲学《てつがく》」のほうでは、どう考えるのでしょうか。

ソクラテスの場合、結婚して、奥《おく》さんも子供もいたのですが、彼の奥さんは悪妻《あくさい》で有名であったがゆえに、彼には、結婚のことを、あまりよく言わなかっ

た面があります。

ソクラテスが、弟子《でし》たちに、皮肉っぽく、「青年は結婚しなさい。よい奥さんをもらえば幸福になれるだろうし、悪い奥さんをもらえば哲学者になれるだろう」などと言ったため、プラトン以下の弟子は同性愛に走っています。先生を見て同性愛に走ったのです。

「プラトニック・ラブ」という言葉があるように、「いちばん素晴《すば》らしい愛は、同性愛、特に男性間の愛である。年若い、美しい男の子を、プラトニックに愛するのが、最も尊い愛だ」というようなことまで言われているので、このあたりが変わっています。

また、孔子は離婚《りこん》経験者ですが、離婚というより、奥さんに逃《に》げられた系統なので、「同性婚等についての考え方が、どうであるか」ということは微妙であり、どう言うか、分からないところがあります。

天照大神的に、国家の存続や社会制度の存続などを考えるなら、同性婚には反対すると思いますが、あるいは、意外に何も言わないかもしれません。

それから、今回は、もしかしたら、時間的にこの話題まで行かないかもしれませんが、上座部仏教《じょうざぶぶっきょう》という、厳格で、出家《しゅっけ》したら結婚できない仏教が普及《ふきゅう》しているタイでは、同性愛やゲイ、性転換《てんかん》等がやたらと流行《はや》っているので、これが仏教のほうの問題としてあると思うのです。

このへんについては、時代が変わっているため、かなり倫理《りんり》的に確定しがたいものがあるのかもしれません。

昔だと、例えば、避妊ができず、また、生まれた子が誰《だれ》の子供か、分からないような状態もありました。

さらに、結婚制度が財産制度と一緒《いっしょ》になっていた問題もあると思います。娘《むすめ》を嫁《よめ》にやる代わりに、羊を二十頭付けるとか、牛を何頭付けるとか、そういうことまであったりしたため、「財産性」という意味で、タブーがあったような面もあります。倫理ではなく、そういう面での見方があったかもしれないので、モーセあたりの言ったことが、いまだに言えるかどうか、分からないところもあります。

ちなみに、仏典《ぶってん》を読むと、「男性」と「女性」と「そのどちらでもない種族」という三種類が出てきます。

「そのどちらでもない種族」については、まことにいわく言いがたい形容がなされており、実物を私も現在では見たことがないのですが、それは、身体検査によって、そういう種族であることが明らかになると、教団への入門を許されなかったようです。

インド人には、男性でも女性でもない者が、仏陀の時代にはいたようであり、それに関しては、「教団に入《い》れない」という決まりがあったらしいので、これは、なかなか微妙な問題を含《ふく》んでいるとは思っています。

答えが「イエス」でも「ノー」でも海外では問題が起きる

大川隆法　以上、前置きとして、いろいろなことを述べました。

今日の収録が、スパッとうまくいくか、いかないか、分かりません。

（質問者たちに）それは、あなたがたの質問にもよるでしょう。

数学の問題ではありませんが、「この前提だったら、答えは、こうなる」というように、前提が違えば答えも違う可能性も、あることはあるので、単一《たんいつ》に、

「誰であっても、こうだ！」という感じの答えにはならない可能性があると思います。

若干《じゃっかん》、言い訳がましくなりました。

もちろん、答えの内容がすっきりしているほうが、話としては分かりやすいのですが、現実には、「イエス」と言っても「ノー」と言っても、当会の国際本部など、海外では問題が起きるのではないでしょうか。

しかし、これは、キリスト教会には、もっと大きなダメージが必ず生じる問題です。「キリスト教徒の半分ぐらいに、十億人単位でのダメージが生じる可能性がある問題ではないか」と考えています。

天上界《てんじょうかい》のイエス・キリストを招霊《しょうれい》する

大川隆法　では、イエスに聞いてみます。

（瞑目《めいもく》し、両手を肩《かた》のあたりまで上げる）

同性同士の結婚を巡り、今、世間《せけん》が揺れております。イエス・キリストにおかれましては、この同性愛や同性結婚について、どのように考えておられるのでしょうか。全世界のキリスト教者《じゃ》たちは、このことについて、「イエス様に直接お伺《うかが》い申し上げたい」と考えていると思います。天上界《てんじょうかい》では、統一見解が、はたして出ておりますでしょうか。あるいは、出ていないのでしょうか。

また、イエス個人の意見としては、どういう考えを持っておられるのでしょうか。

クリスチャンに対して、答えることはできましょうか。プロテスタントやカトリックに対して、答えることはできましょうか。また、クリスチャンではない人たちの質問に対しては、答えられましょうか。

オバマ大統領は、「ゲイもストレートも区別はない」という言い方をしておりますが、そうした考え方に賛同されるのでしょうか。そうした動きにイエスご本人もかかわっておられるのでしょうか。

どのように導いていこうとしておられるのでしょうか。

このへんについて、現在、『聖書』を中心としたキリスト教会の教えには、イエスご本人のお考えとは違うものや、後世《こうせい》の弟子たちがつくったものも、そうとう入っていると推察されますけれども、イエスご本人は、どのように考えておられるのでしょうか。

それを、今日、お聞きしたいと思います。

イエス・キリストの光、流れ入《い》る。

イエス・キリストの光、流れ入る。

イエス・キリストの光、流れ入る、流れ入る、流れ入る、流れ入る、流れ入る。

イエス・キリストの光、流れ入る。

イエス・キリストの光、流れ入る。

イエス・キリストの光、流れ入る、流れ入る、流れ入る。

（約二十五秒間の沈黙《ちんもく》）

2 「同性婚問題《どうせいこんもんだい》」の霊的《れいてき》背景

同性愛が流行《はや》る原因の一つは異性への罪悪感

イエス・キリスト　イエスです。

綾織　本日は、幸福の科学総合本部においでいただきまして、まことにありがとうございます。

イエス・キリスト　はい。

綾織　今、欧米《おうべい》諸国を中心に、同性愛、同性婚《どうせいこん》問題で非常に揺《ゆ》れております。これにつきましては、「イエス様のお考えが、どのあたりにあるのかが分からない」ということがその根本《こんぽん》にあるかと思います。

キリスト教徒を中心に、世界中の人々は、「今こそ、イエス様のお考えを知りたい」と切望していると思いますので、本日は、さまざまな観点から、お考えをお聴《き》かせ願えればと存じます。よろしくお願いいたします。

イエス・キリスト　うーん。

綾織　まず、同性愛、同性婚そのものの是非《ぜひ》をお伺《うかが》いする前に、この霊的《れいてき》な背景についで教えていただきたいと思っております。

イエス・キリスト　うーん。

綾織　同性愛自体は、人類の歴史上、長くあったわけですけれども、「同性婚について、社会的にどうするか」ということは、現代においてクローズアップされてきている問題かと思います。

そこで、まず、「同性愛は、霊的に、魂《たましい》の面から見たときに、どういう背景から出てきているものなのか」ということについて教えていただければと思います。

イエス・キリスト　宗教においては、「異性への罪悪感を強く言いすぎた場合に、同性愛が流行《はや》る」ということは、歴史的に、よくあることであったかな。例えば、「異性との交《まじ》わりを持てば、地獄《じごく》に堕《お》ちる」というようなことを強く言いすぎると、「それを避《さ》けよう」という修行《しゅぎょう》態度を取っているうちに、禁じられていないほうに走ることは当然あるので、そういう意味での同性愛が流行っていくことは、おそらく、キリスト教でも仏教でも起きたことであろうし、ほかの宗教でも起きたことであろうと思う。

また、男女別学、すなわち、男女別に教育し、育っているような社会や、あるいは、軍隊のようなところでさえ、その同性愛の問題は、たぶん出たであろうと思われますね。

このへんの説き方には、非常に難しい問題があるかと思います。

私の説いた教えとして伝えられている『新約聖書』（マタイ福音書《ふくいんしょ》）のなかには、「（もし、あなたの右の目が）男女の罪を犯《おか》させるなら、その目玉をえぐり捨てよ。（もし、あなたの右の手が罪を犯させるなら）その腕《うで》を切って捨てたほうがましだ」というような、極端《きょくたん》なことも載《の》っているので、過去の聖職者で、現実にそういうことをやってしまった人もいることはいる。

そのように、「罪を犯した」と言って、自分の肉体を傷つけるようなことをした人もいるので、「教えというのは、まことに難しいものなのだな」とは思っています。

だから、「男女の関係で、みんなが幸福に暮らせるように、ルールが何かあったほうがいい」ということについては、賛成ではあるのだけれども、「そのルール自体が人間を不幸にしていくところへと向かっていくなら、少し解釈《かいしゃく》の余地を加えなければいけないのではないか」というような気持ちもある。

同性愛を完全に禁じることは難しい

イエス・キリスト　人それぞれの考えの違《ちが》いや趣味《しゅみ》・嗜好《しこう》の違いには、やはり、否定できないものがあるので、すべての人間を、まったく同じようにできない面はある。

それも、個性の違いとして許容できる範囲《はんい》と、許容できない範囲とがあるので、このへんのところの線引きが実に難しいと思われる。

確かに、同性愛自体は、昔からある。哲学者《てつがく》のように、「結婚しないのが美徳だ」と思っている、〝二千年以上続いている種族〟なども、結婚しないではいるけれども、代わりに、同性愛に入る者もいたし、日本の戦国武将等にも、数多くの妻を持ちながら、若い男性をも愛する傾向《けいこう》がある武将もいたように聞いてはいるので、「形態的に統一することは、なかなか難しいのかな。同性愛自体を完全に禁じられるかというと、やはり、難しい面はあるのかな」と感じております。

過去の転生《てんしょう》で「今世《こんぜ》とは違《ちが》う性」だった人もいる

イエス・キリスト　その原因は、すでに、あなたがたが霊的に調べておられるとおりです。

現象として、持っている肉体は、男性なり女性なりになっているが、過去に……、まあ、キリスト教ではあまり説かれていないことではあるけれども、「過去の転生《てんしょう》」というものもあって、そのなかで、「男女の混合体」とも言うべき魂経験をしている者もいる。あるいは、「今世《こんぜ》は男性だが、過去世《かこぜ》は女性がずっと続いていた」というような場合であれば、「〝本籍《ほんせき》〟は女性」と、魂が認識している者もいる。その逆もあって、「ずっと男性だったが、今回は、逆になった」という者もいる。

このように、男性・女性が逆になっている場合等で、病気的に判断される場合には、それが「性同一性障害」風に表れてくることもある。そういう人たちのなかには、「どうしても、自分が男性であることが認められない」「女性であることが認められない」ということになって、性転換《てんかん》(手術)まで受けて、性を変えるような者もいる。そういうことまで行われる時代になってきている。

これについては、「魂の秘密」が明かされていないので、十分ではないところもあるけれども、「そういう問題はある」ということだね。

プラトンは、古い話として、「古代においては、人間は雌雄《しゆう》同体で、手が四本、足が四本あって、男女混合体になっていた。それを、あるとき、神が引き裂《さ》いたので、男と女が惹《ひ》きつけ合うようになった」というようなことを述べている。

これは肉体的な事実なのか。それとも、霊的な問題として、男女の混合体があることを言っているのか。まあ、十分に理解しがたいものはありますが、「プラトンは、ある意味で、現在、あなたがたが霊査《れいさ》している事実を探《さぐ》り当てていた」ということは言えるのかもしれない。

おそらく、「男性なのに男性に惹かれたり、女性なのに女性に惹かれる」ということの霊的背景としては、「今、過去世の魂が肉体を持ったときの性と違《ちが》った性を生きていて、そのへんに違和感《いわかん》を感じている者が多い」ということもあると考えられますね。

綾織　イエス様の言葉として、「転生輪廻《てんしょうりんね》」ということについておっしゃっていただいたわけですが、今のお話は、キリスト教徒の方々に、非常に大きな驚《おどろ》きをもって受け止められると思います。

同性愛者の「死後の行き先」を分けるもの

綾織　もう一つ、お訊《き》きします。イエス様が同性愛の方々をご覧になったとき、実際に、彼らの天国・地獄を分けるものとは、どういうものでしょうか。同性愛者が一律に地獄へ行くわけでもないでしょうし、一律に天国へ行くわけでもないと思います。天国・地獄を分けるものとして、何があるのでしょうか。

イエス・キリスト　まあ、クリスチャンには、思い込《こ》みとして、創世記に書かれている「アダムとイブの物語」があるのでね。

つまり、「（神は）まず、男性としてのアダムをつくったが、『アダム一人では孤独《こどく》であろうから』ということで、脇腹《わきばら》の骨を使って、イブをつくった」「アダムから分かれてイブをつくり、男女をつくり分けた」ということになっている。

それから、人間のつくり方についても、「粘土《ねんど》をこねるようにつくった肉体に、魂を吹《ふ》き込むことによって、人間となる」という考え方がある。

ですから、『旧約聖書』も含《ふく》めたキリスト教においては、「神が男女を分けてつくられた」というような考え方があって、これに転生輪廻の思想が入らなかった場合には、「現代においても、延々と新しく人類がつくられていて、男女はつくり分けられている」という考え方も成り立つわけで、そうであれば、「同性愛的な考え方は、神の意志に反しているのではないか。アダムとイブは明らかに分けられたのだから」ということになる。

もちろん、キリスト教でないところには、そういう教えのないものも多いですけれどもね。

まあ、『新約聖書』だけでやっていれば、そこまでは行かないけれども、クリスチャンは、『旧約聖書』まで必ず一緒《いっしょ》に読み込むので、そういうことが、どうしても影響《えいきょう》してくるわけだね。

だから、オバマさんのような言葉も、「プロテスタントだから、いい」と言えば、いいのだけれども、『旧約聖書』まで含めて『聖書』と考えているクリスチャンにとっては、『旧約』の勉強が足りていないかのように思われるだろう。そういう傾向は出るでありましょうな。

つまり、「神が分けられたものを、『分けられた』という事実がないかのごとく言うことは、いけない」というように捉《とら》える人もいるだろうね。

結局のところは、結果論的な問題になると思うのだけれども、「その同性愛的に生きた者が、ある意味で、この世的に見ても、魂の向上なり、人生の果実《かじつ》としてプラスのものを生み出したか」と見たときに、「単なる退廃《たいはい》や堕落《だらく》に陥《おちい》った」という結果につながることが多かったのではないかと思う。

要するに、「人々の経験値的観察からするならば、同性愛に耽《ふけ》ってきた人たちのなかには、退廃・堕落に向かった者が多かったように感じられている」ということなのではないかと思う。

現代に同性愛へのニーズが増えてきている理由

イエス・キリスト　ところが、現代では、「同性愛へのニーズがかなり増えてきている」という問題がある。

特に、キリスト教圏《けん》で、それが顕著《けんちょ》ではあるんだけれども、これは、その前に、やはり、性の解放の問題もあったし、それから、避妊《ひにん》が可能になったことも影響しているかもしれない。

つまり、避妊ができなければ、「結婚」と「男女の肉体的な結合」とは、ほとんどイコールであったと思われるが、避妊という、『聖書』に予想されていない技術が発明されると、「結婚」と「男女の性交渉《こうしょう》」とが必ずしもイコールで結べなくなってきた。このへんが、難しさとしてはある。

それと、男女の結びつきがイージー（容易）になったのに反して、今度は逆に、結婚制度がかなりの重荷《おもに》になってきていることも、キリスト教世界においては事実であろうと思う。

例えば、離婚《りこん》が増えてきていて、その重さがそうとうなものになってきている。離婚裁判をしたり、それに伴《ともな》う慰謝《いしゃ》料や子供の養育料等を払《はら》ったりしなければならなくなっている。

まあ、プロテスタントのアメリカ人で、収入の多いビジネスマンなどであれば、二回ぐらいの離婚が普通《ふつう》になってきているけれども、「二回離婚して、二回慰謝料を払い、そして、養育料も払い続ける」ということになると、それは、事実上の罰金《ばっきん》現象になっている。

要するに、二回離婚すると、離婚訴訟《そしょう》で、日本に比べて多額のお金を取られることになるため、三回目の結婚には、そうとうなエネルギーが必要で、生存権の問題にかかわってくるというか、生活ができなくなる可能性もある。

元奥《おく》さんと子供のいる二つの家庭にお金を払いつつ、また新しい家庭を設《もう》けるとなると、それは、大変な経済的負担になる。そういうこともあって、嫌《いや》な思いをした人間がだいぶ増えてきつつある。

そのため、教会には、結婚制度について、「神が永遠に結び合わせた男女のカップルなのだから、死以外にそれを分かつものがあってはならない」というような考え方があり、結婚式でも、そう言われるわけだけれども、「現実は、そうなっていない」ということで、今、それを忌避《きひ》する者が現れてき始めた。

一方、同性婚のほうは、『新約』であれば、特に大きく罰されるようなことは書かれていないので、「もう、そちらのほうに入っていこう。同性カップルのほうが気楽である」という考えが出てきているのかな。

最終的には「果実《かじつ》」を見て判断されるべし

イエス・キリスト　今では、人工的に受精をして、片方の細胞《さいぼう》に、他の卵子ないしは精子を加えて子供をつくることもできるようになっている。もちろん、同性同士の子供はできないけれども、片方の遺伝子を引き継《つ》ぐ子供は、今、人工的にもつくることができるようになっているので、「医学の進歩で、同性同士が結婚しても、子供ができないわけではなくなった」という時代で、価値観の揺らぎはそうとう起きている。私たち、過去の修行者たちにとっても、「未経験の領域に、今、入ってきつつある」ということだな。

ただ、最終的には、すべて、私の教えにもあるように、「その木がよい木か悪い木かは、その果実《かじつ》を見て、判断されるべし」ということになる。

同性婚の制度については、広がりを見せていくであろうけれども、それが幾《いく》世代か、まあ、二、三世代続いていくうちに、「社会的に見て、善とされるか、悪とされるか」という判定が出てくるであろうとは思う。「果実がよいか、悪いか」が出てくると思うので、その果実を見て、何らかの修正がかかってくることはありえると思う。

生命科学の進歩がもたらす「新たな課題」

イエス・キリスト　今のところ、医学の進歩、生命科学の進歩という予想外のものも入ってきているので、この「性の倫理《りんり》」のところは、われわれにとって、とても難しくなってきつつあります。

また、そういう生命科学を研究している人たちが、魂の問題について無知であることも多いので、「魂の問題が解決されていない」という問題が、もう一つあります。

これを考えないで、唯物論《ゆいぶつろん》的にのみ考えれば容易ではあるのだけれども、これまた、魂の問題を切り離《はな》して考えて、「魂のある人間、要するに、正式な結婚、男女の結婚によって生まれた子供には魂が宿っていて、そうでない同性愛結婚によって生まれた子供、例えば、遺伝子操作等を使ったりしてできた子供には、魂がない」という判断がなされた場合、これは、〝別の階級〟ができることを意味します。

そうなると、カズオ・イシグロが小説に書いているような「臓器移植用の人間」というものもできないことはないし、あるいは、それを新たな奴隷《どれい》階級としてロボット代わりにすることもないとは言えないので、そこには、新しい掟《おきて》が生まれてくる余地がありますね。

今、そのような揺らぎの時期が来ています。

同性婚《どうせいこん》を認める流れになりやすい左翼《さよく》リベラリズム

イエス・キリスト　一方では、イスラム教のような問題もあります。

イスラム教にも、今、「自由の風」が吹いて、女性の解放運動が起きていますが、同時に、その「一夫多妻《いっぷたさい》制の問題」が、他のキリスト教国や、それ以外の国との間で、自由に職業に就《つ》いたり、自由に移動・居住したりすることを明らかに阻《はば》んでおりますね。

そういう文化が違う場合には、一緒に住めない部分が出てくるわけですが、そのへんのところも解明しなければいけなくなってくるとは思うのです。

ただ、最終的な判断は、そのままで行ったときに社会が生む〝果実〟の問題になる。

先ほど、総裁が言われたように、天照大神《あまてらすおおみかみ》という、この国の女性神が、「同性婚《どうせいこん》制度を認めた国から順番に滅《ほろ》んでいくだろう。百年以上はもつまい」と言われたというのは、「(天照大神は)その果実が悪くなると予想されている」ということでしょうね。

このへんについては、「個人としての自由の問題」と、「『社会あるいは国家として、どのようになりたいか』という願いの問題」とが、引き合っているところがあると思う。

今も、国家を大事にする考えもあれば、国家を否定する考えもかなり流れていて、そのなかには、左翼《さよく》のリベラリズム、すなわち、国家を否定して、「市民の集まりとしての社会はあってもいい」というような考えを持つ人もいる。

こういうタイプの人たちには、だいたい、結婚制度に首をかしげるというか、ネガティブな人も多いので、このリベラルの流れは、やはり、同性婚等を認める流れになっていきやすいと思いますね。

3　キリスト教世界に潜《ひそ》む「問題の本質」

イエスはカトリックとプロテスタントをどう見ているか

綾織　そうすると、イエス様としては、現時点では、同性婚《どうせいこん》について特定の判断をされていない状態なのでしょうか。

イエス・キリスト　キリスト教でも、宗教改革として新教をつくったときには、当然、私の意志は働いておりますけれども、いまだに分かれて対立したまま、発展している状態で、「片方を潰《つぶ》せ」というかたちにはなっていません。

まあ、互《たが》いに違《ちが》うものを主張しながら、存続し合っている面もあってね。つまり、お互いに考え方が違うけれども、キリスト教を信仰《しんこう》している者同士が、ある程度、互いの欠点を批判し合いながら存続することで、腐敗《ふはい》・堕落《だらく》を止めている面もないわけではないのです。

宗教に、議会制民主主義のような多党制があっていいのかどうか、〝二大政党〟があっていいのかどうか、分かりませんが、結果的には、そのようになっておりますね。

綾織　キリスト教には、カトリックとプロテスタントがあり、さらに、プロテスタントにはさまざまな宗派があるわけですが、イエス様としては、ある程度、それぞれにアドバイスをされているような状態なのでしょうか。

イエス・キリスト　私は、どうしても両方に関係がありますが、弟子《でし》筋の者たちには、やはり、ひいきというか、「どちらのほうに、魂《たましい》的には惹《ひ》かれるか」というものがあるようで、彼らは、自分が惹かれるほうを、今、指導しているわけです。

まあ、プロテスタントが出てきたときは、カトリックのほうから、「それは悪魔《あくま》の教えだ」というように、当然、批判されていたわけだけれども、実際には、プロテスタントのほうにも、光の天使がそうとう出ていたことは事実ですよね。

それまでのキリスト教だと、他の揺《ゆ》るがすものは全部弾圧《だんあつ》して、滅《ほろ》ぼし去るところまでやってしまっていましたが、とうとう滅ぼせなかったのが、新教です。

「教会」や「牧師《ぼくし》」など、旧教と似た形態を取り始めた新教イエス・キリスト　そして、そのもとは、結局、「聖書中心主義」でした。つまり、プロテスタントは、「聖職者や教会制度の腐敗が繰《く》り返し起きてくるので、『聖書』を中心にした教えにしよう。そうすれば、家庭教会になって、個人個人が信仰を持つことができ、個人個人がキリストとつながることができる」という思想ですよね。

これ自体は、新しい発明と言えば発明であって、プロフェッショナルが非常に嫌《いや》がることだとは思うし、教会制度を維持《いじ》したい人にとっては、非常に危険な発想には見えたでしょう。

ただ、そういう、「家庭で、あるいは個人で、神とつながれる」という思想の下《もと》に新教ができたけれども、やはり、新教のなかにも、教会ができて、牧師《ぼくし》ができて、結局、似たような形態を取り始めたわけです。つまり、「教学をしたプロフェッショナルがいてくれたほうが、やはり、相談事もできるし、祈《いの》りも効くような気がする」というようなことがあったわけで、結局、似たような形態にはなってきましたね。

このへんは、あなたがたにも、同じようなことが起きているのではないでしょうか。例えば、教団の尊さを高めて植福《しょくふく》を集め、支部や精舎《しょうじゃ》をつくって人を集めたいけれども、来てくれずに、「各家庭で、『正心法語《しょうしんほうご》』を読み、経典《きょうてん》を読めば、直接、信仰を保てる」と思っている人は、やはり、いるわけです。「このへんのところを呼ぼうとしても、なかなか呼び切れない」というあたりの綱《つな》引《ひ》きは起きていると思うのです。

これは、いつの時代にもあることですよね。だから、「何を善とするか、悪とするか」は分からない。

キリスト教に「霊界《れいかい》思想」を入れる動きだったグノーシス派

イエス・キリスト　まあ、プロテスタントは強かったので、生き延びたのでしょうけれども、その前には、グノーシス派のように滅びたものもあります。キリスト教には、霊界《れいかい》思想、神秘思想の部分が欠けていますので、それを入れようとして出た者たちがいるのですが、彼らは完全に滅ぼされるところまで行《い》っているのです。

そういう神秘思想をやる者たちは、「この世性」が低いものですから、やはり、組織力など、この世的に生き残る力が弱いのでしょうね。つまり、神秘思想家の集まりというのは、今で言えば、超能力《ちょうのうりょく》現象などに関心のある人たちの集まりのようなものですけれども、こういう、超能力現象に関心があって集まっている者たちというのは、組織性が非常に低いことが普通《ふつう》です。個人的な趣《しゅ》味《み》で集まっていることが多いですからね。

一方、教会制度も、この世的に整備されてくると、軍隊と同じようなかたちになってくることが多いので、そうした正規軍の軍隊型の教会がぶつかってくれば、（グノーシス派を）滅ぼすのは容易だったわけです。

ただ、新教と旧教が分かれるに当たって、たくさんの血が流れたことは、非常に残念だったと思います。

まあ、われわれの判定する基準は、かなり年数の尺度が長いことがあるので、その間、川の流れのような時代の流れが、ときどき、逆流現象を起こしたり、渦巻《うずま》きを起こしたりすることがあるんだけれども、それ自体、まったく起こさないよりはいいわけです。したがって、そういうものがときどき起きたとしても、それらを見守った上で、どうなるかを考えているわけです。

「結婚《けっこん》しないローマ法王《ほうおう》が結婚を語る」という矛盾《むじゅん》

天雲　先ほど、「同性婚《どうせいこん》の問題については、『生み出した果実《かじつ》が、トータルで、プラスであるか、マイナスであるか』を見た上で、判断がなされる」というようにおっしゃいました。

そのイエス様のお考えと呼応するのかは分かりませんが、フランシスコ法王《ほうおう》の発言について、ご意見を伺《うかが》いたく思います。

イエス・キリスト　うーん。

天雲　フランシスコ法王は、ここ一カ月で、考えが少し変わってきているように見えます。というのも、先月の七月五日時点では、「結婚は男女の結びつきである」と発言されていたのですが、ブラジルから帰る飛行機のなかでの記者会見で、「私には、神を求めている同性愛者を裁く資格はない」というように発言されているのです。

少し緩《ゆる》やかな方向に考えをシフトされているように見えますが、最近のローマ法王の発言について、イエス様のご意見をお伺いできないでしょうか。

イエス・キリスト　おそらく、その発言（の背景）は、「ブラジルで、カトリックの勢力が、プロテスタントに切り崩《くず》されている」ということだと思うのです。向こうを見てきた結果、そう感じたのでしょう。

「政治的には、それにも取り組まなければいけない」という大統領の考えもあるし、厳格に言いすぎると、カトリックのほうが崩れて、なし崩し的にプロテスタントのほうへ行ってしまう恐《おそ》れがあるため、「カトリックに踏《ふ》みとどまっていても、もしかしたら、少し許容性があるかもしれない」という面を見せることで、（信者が）離《はな》れるのを食い止めようとしているのではないでしょうか。そういう政治的発言ではないかと考えられますね。

ただ、そもそも、結婚しない法王が、結婚問題にあれこれ口を出すこと自体に無理があるのです。「ペテロ以下、本当は、女性に対して罪悪感を持っている者たちが、結婚について語りすぎて、制度を固めた」ということ自体のなかに、やはり、少し偏執《へんしつ》的なものが入っているような気がしてしかたがない。

つまり、「実体験として結婚をしていない者（聖職者）が、結婚のあり方を説いて、制度化したところに、実は、矛盾《むじゅん》がある」ということですね。

「異性婚《いせいこん》」についても、その果実《かじつ》のよし悪《あ》しが見られている

イエス・キリスト　だから、今、「果実《かじつ》による」という言い方をしましたが、同性愛には、やはり、「何となく気持ちの悪い感じ」が感じられて、腐敗、堕落しているように見えたことは、歴史的に、いくらでもあるのだろうと思うけれども、今、同性ではなく、異性間の通常の結婚《けっこん》形態によって、不幸感覚を味わっている人間の数が増えてきています。

そういう果実の問題があって、「異性間なら正しい」とは、必ずしも言えなくなってきているのです。「異性間結婚によって、幸福になれない人も増えてきた」ということですね。

そうした人は、「国家が存続するかどうか」ということなど考えもしていません。「少なくとも、自分自身の家庭は、もう地獄《じごく》でした」というところがたくさんあって、「異性と結婚したために子供までできてしまい、そのために離《り》婚《こん》もままならないで、苦しんでいる家庭」もあれば、「子供ができたけれども、離婚して、その後、再婚してできた複雑な家庭、要するに、両方連れ子同士での再婚家庭」などもたくさんできていますよね。

連れ子と連れ子の再婚家庭。さらに、二度離婚した者同士の再婚もあり、四組の子供というか、四種類の子供が出てくる家庭など、複雑なものがたくさん出てきて、混乱も生まれてきたりしています。

そのため、「異性と結婚し、教会で永遠の愛を誓《ちか》わないほうが、幸福なのではないか」という考えが一部に出てきているのではないでしょうか。

要するに、「同性婚」だけ、果実のよし悪《あ》しが見られていたのから、今は、「異性婚」についても、果実のよし悪しが見られているわけです。ここの部分で、もう一段の解決がつかないと、元のスタイルに全部は戻《もど》らないのではないかと思います。

オバマ大統領が同性婚《どうせいこん》を認めた背景にあるもの

イエス・キリスト　オバマ大統領は、「ゲイも、ストレートも区別はない」というような言い方もしたりしていますが、おそらく、その考え方の裏には、結《けっ》婚《こん》制度に対して、非常に流動的というか、制度的価値をそう強くは認めないものが流れているのだと思うのです。

まあ、リベラルと言えば、リベラルですけれどもね。

彼自身は、ケニア人の父がアメリカのハワイ留学中に知り合った女性との間にできた子供で、（両親は）結婚したことにはなっているけれども、ケニアには、その人の妻がいたらしいので、「私生児ではないのか」という疑いも、ずっと残っています。

現在のキリスト教制度から見れば、それは重婚に当たるから、あってはならない罪だけれども、ケニアのほうから見れば、むしろ、そちらのほうが普通かもしれない。まあ、彼のお父さんはイスラム教徒であっただろうと言われているし、彼自身、インドネシアでイスラム教の小学校に通っているところから見ても、その可能性が高いと思いますけれども、そうであれば、それ（重婚）は問題がなかったかもしれない。

このへんの、複雑な家庭環境《かんきょう》のなかで育っているために、彼自身、価値規範《きはん》として、明確なものを出せないでいるのではないかと思う。

リベラリズムも一種の自由を含《ふく》んでいるものではあるのだけれども、その自由さの表れ方が、「平等」というところに流れていっているのでしょう。「どんな差があっても、一緒《いっしょ》の扱《あつか》いをするのだ」という考え方に流れていっているわけです。

例えば、南北戦争で、黒人所有をしている南部のほうと戦って、国の統一を守ったリンカンは、実は、共和党であったけれども、あれも、オバマさん的に見れば、「リベラリズムの平等主義の実現」のように見えているのだろうと思われます。

まあ、価値の問題については、数々の文明実験を超《こ》えていかないかぎり、分からないものがあるので、何とも言えませんが、「これ（同性婚問題）と、アメリカの衰退《すいたい》とに関係があるかどうか」というところは、歴史家の判断にかかる問題かもしれませんね。

4　同性愛者の苦しみへの「救いの言葉」

同性婚《どうせいこん》問題は「国家の発展」と「個人の幸福」の戦い

天雲　「多様な性のあり方を受け入れよう」「認めよう」という動きが確かにございまして、この考え方に潜《ひそ》む「マクロの危険性」というのは、十分あると思います。

ただ、そのセクシャル・マイノリティーと言われるLGBT《エルジービーティー》、つまり、レズビアン、ゲイ、バイセクシャル、トランスジェンダーといった方々のなかには、いじめに遭《あ》ったり、理解されなかったりということで、個人的に悩《なや》んでいる方がたくさんいらっしゃいます。さらに、そういった同性同士の恋愛《れんあい》や結婚《けっこん》を忌《い》み嫌《きら》う方々から、どうしても理解されないために悩んでいる方や、それを相談できない方もたくさんいらっしゃると思うのです。

そういう、「個人の救済」という目で見たときに、セクシャル・マイノリティーの方々に対しては、どのような「救いの言葉」をかければよいのでしょうか。

イエス・キリスト　マクロ的な大きな流れとしては、「国家主義」というか、「ある程度、国家の発展や維持《いじ》発展のほうに重点を置き、国家への忠誠心を保つのは国民の義務」という保守的な考え方と、「個人の自由を中心にしながら、国家が、ある程度メルトダウンしても、個人が幸福な社会であれば構わない」という考え方とが競争しているのだろうとは思うのです。

例えば、日本のような国では、憲法において、「婚姻《こんいん》は、両性の合意に基《もと》づいて成立」（第二十四条）するとされているため、男女の結婚以外はありえませんから、そもそも、憲法を改正しないかぎり、同性婚が成り立たない状況《じょうきょう》にあるわけです。

そうすると、もし、「異性との結婚を維持することが国家の維持発展につながる」という天照大神《あまてらすおおみかみ》様の考え方が正しいのであるならば、百年後に残っているのは日本で、今、同性婚に走っているキリスト教国は、そのほとんどが先進国でしょうけれども、たぶん、百年以内に没落《ぼつらく》することになるでしょうね。

ただ、もう一つ、アメリカ合衆国は、もともと人種の坩堝《るつぼ》のような国であったわけで、「黒人や白人、黄色《おうしょく》人種といった、多様な人種、国籍《こくせき》の人が入ってきても、星条旗に忠誠を誓《ちか》うだけで、国家を支える国民になってきた」という歴史があります。

したがって、「そうした、『多様な者の坩堝として活力を生み出し、国力を強くした』という考え方の幅《はば》を広げることができるのならば、『いわゆる、『男が女を思い、女は男を思う』というストレートだけでなく、ゲイの人にも、同じ国民として差別されることのない権利が与《あた》えられている』と考えたほうが、国民の活力を吸い上げることができ、彼らのマイナス感情や自己卑下《じこひげ》感情、あるいは、いじめられたりして社会的に活動できない部分を取り除く力にもなる」という考え方が、今、出ているのだろうと思うのです。

「同質国家」対「多様な価値を持った国家」は壮大《そうだい》な文明実験

イエス・キリスト　ただ、これも、どのようになるかは、やってみないと分かりません。

確かに、この百年以上のアメリカを見れば、「人種の坩堝のようにしてみたところ、それが活力になって成功した」と言えるでしょう。

しかし、例えば、日本をアメリカと同じような人種の坩堝にし、「いろいろな国の大勢の人たちが、バラバラな風習で生きている」という状況にしてしまった場合に、「日本が日本であり続けられるかどうか」ということが、一つの疑問としてはあります。つまり、「受け入れられる限度があるかどうか」の問題があるわけで、「国際都市になる」と言っても、それはどうでしょうか。

もし、浅草《あさくさ》の浅草寺《せんそうじ》の境内《けいだい》で、メッカの方向に向かってアッラーに祈《いの》る人が大勢出てきたりすると、おそらく、日本人は「困る」と言い始めるのではないかと思うのです。

ですから、そのへんの「多様な風習を文化として受け入れられるかどうか」の問題はあります。

また、日本は、同質であるがゆえに強さもありました。つまり、同質であるがゆえに強い国もあれば、多様であるからこそ強い国もあるわけです。そういう意味では、先の大戦も、「同質国家」対「多様な価値を持った国家」の戦いだったのかもしれません。

結果的には、多様な価値を持った国家のほうが勝ったのかもしれませんが、永遠に勝てるかどうかは分からないところがあり、一つの均質な文化を守ったほうが強い場合もありえます。

例えば、イスラム教国も、イスラムの風習自体を他の国から見れば、とても異常に見えるけれども、それを守っている間は、国が崩《くず》れずに、ある程度の強さを持っているのかもしれません。「自由の風」で崩した場合には、混乱に陥《おちい》って、あるいは、いろいろなものに踏《ふ》みしだかれる可能性も、なきにしもあらずでしょう。

このへんは、すべて、壮大《そうだい》な文明実験であるので、宗教指導者や政治指導者たちが、その責任を負っていかねばならないことだと思っております。

「個別の救済」と「国家の幸福」という矛盾《むじゅん》の両立を

イエス・キリスト　だから、ゲイであるとか、ストレートでないために、個人的にいじめられる人たちが出ることは気の毒だと思いますが、やはり、「どういう文明や国家社会を望むか」ということを、国として、あるいは、その社会として決めねばなりません。

例えば、日本においては、「外国人の参政権」に関する問題もあると思います。

もし、外国人に参政権を認め、国会議員を選ぶ権利が与えられるとするならば、移民のところを緩《ゆる》くして、あっという間に他の外国人のほうが多数になった場合には、「日本が日本でなくなる」というかたちで、戦争なくして日本が植民地になることだって可能になるわけですから、国家としての政治政策も必要ではありましょうね。

つまり、「個別の救済ができるか」ということと、国レベルでの、まあ、これは「救済」と言うべきかどうかは分かりませんが、「国レベルで幸福な体制が維持できるか」ということと、実は、二つの基準があるのです。

これは、それぞれに片方だけであってよいわけではなく、そうした、ある程度矛盾《むじゅん》する面があるものを、極力、両立するように努力していくところが、社会のリーダー層にある人たちの役割なのではないかと思います。

法解釈的《かいしゃく》には「隣人愛《りんじん》」の教えに「同性愛」を吸収も可能

磯野　イエス様、本日は、貴重なご質問の機会を頂き、ありがとうございます。

ただいま、国際本部では、海外の支部で伝道活動を広げております。その際、まだ信者になられていない方のみならず、信者さんのなかでも、同性婚など、同性愛に関する問題を抱《かか》えている方がいらっしゃいます。

今後、アメリカやヨーロッパ等の先進国において、また、キリスト教国において伝道を推《お》し進めていくに当たり、そうした同性愛者や、同性婚をお考えの方々に対し、私たちハッピー・サイエンスとしては、どのように接し、どのように受け入れればよいのでしょうか。それとも、「あなたがたの、その考え方は『聖書』に合っていない」というかたちで導いていけばよいのでしょうか。

どのように接すればよいのか、アドバイスを頂ければと思います。

イエス・キリスト　愛のかたちとしては、「異性に惹《ひ》かれる」という本能があると思うのですが、「人を愛する」という心のなかには、当然ながら、家族愛、夫婦《ふうふ》愛、親子愛、隣人《りんじん》愛等、いろいろと含《ふく》まれています。

もちろん、異性に対するための愛だけが隣人愛のはずはなく、隣人愛の場合には、同性、異性を問わないものがあるのです。

キリスト教のなかでは、「第一に大事にすべきは、『汝《なんじ》の主なる神を愛せよ』。これが第一の教えである」と説いていますが、第二の教えとして、「『汝の隣人を愛せよ』。汝が愛すべきである、その身内の者を愛したところで、どれほどのものがあろうか」と説いています。すなわち、「汝と利害関係を持っていない、身内以外の者を愛する心を持つことが、尊いことなのだ」と教えているのです。その隣人愛の考え方を拡張していくならば、そうした、「家族をつくり、〝巣〟をつくって子孫を残していく」というだけの「男女の愛」以外の愛が存在することを認めざるをえないと思うのです。

ですから、同性愛を、法解釈《かいしゃく》的に、キリスト教の教えのなかで吸収するとしたら、「隣人愛の考えのなかには、男女の区別はない」というところに求めるべきであろうと思いますね。

「養子をもらうために結婚《けっこん》形式が必要」という背景も

イエス・キリスト　ただ、これ（同性婚《どうせいこん》）を結婚制度として認めるかどうかは、立法政策、政治政策の問題であるので、必ずしも、宗教の側から全部に口を出せることではないかもしれません。

また、同性婚のなかに、「権利の保護」の問題が入っていることは事実のようです。

例えば、晩年、一人暮らしの人たちが生活に不安を覚えるために、自分と仲のいい女友達同士、あるいは、男友達同士で助け合う関係を結び、それが、単に「お隣《となり》に住んでいる人」ということではなくて、同居するぐらいの親密度になったり、仕事上のパートナーになったりするようなこともあるでしょう。その際、片方が病気をする場合や、事故に遭う場合など、いろいろあろうかと思いますが、そういうときに、「助け合う特別な関係を築きたい」「片方が先に亡《な》くなる場合には、もう片方に財産を譲《ゆず》りたい」などというような考えが出てくるのです。

つまり、「ある種の小さな共同体を認めよう」という考えが出てきているわけです。同性愛を、そういう民法的な法律関係として結婚類似《るいじ》の扱《あつか》いをする考え方は、すでに出ているのですが、今、キリスト教圏《けん》で同性婚が流行《はや》っている理由は、「結婚というかたちを認めることにより、養子縁組《えんぐみ》をして子供を育てることができる」という、親としての権利が生まれることが大きいからです。

要するに、結婚すれば、「両親がいる」ということで、養子を取ることができるケースが多くなるわけです。「子供を取る」と言っても、独身だと信用できない部分がありますからね。

例えば、独身男性が「幼い女の子を養子にもらう」と言っても、なかなか信用できないところがございます。性的虐待《ぎゃくたい》などというものがないとは言えませんし、さまざまな問題を含んでいる可能性もあるわけです。

ところが、「結婚形式を取ることによって養子がもらえる」ということで、現実にアメリカなどでは、「流入してくる移民の、余っている子供を養子にもらえるように結婚を認めてほしい」という流れになってきているのです。

しかし、宗教としては、こうした立法政策上の問題について、何とも言いがたいものがあります。やはり、「養子縁組するために、どうしても結婚制度が必要かどうか」ということは、法律上の考え方の問題ですので、この世の人間の知恵《ちえ》で考えなければいけないものだと思うのです。

ただ、一方では、二千年間、キリスト教にたまりたまった矛盾が吹《ふ》き出してきたようにも感じております。

まあ、日本人には「本音と建前《たてまえ》」という言葉が通じるのでありましょうが、「実は、キリスト教のなかにも『本音と建前』があった」ということですね。「非常に聖なるものとして、すべてを飾《かざ》り立て、つくり立てていくために、実は、ねじ曲げた部分や無視した部分等が、かなりあった」と言えるのではないでしょうか。

そのへんの矛盾が吹き出してきつつあるとは思います。

磯野　ありがとうございます。

5 「制度的矛盾《むじゅん》」が生み出す悪影響《えいきょう》

イエス自身がつくったものではない「教会制度」

磯野　ただいま、「キリスト教の矛盾《むじゅん》が吹《ふ》き出してきた」というご発言を頂きましたが、それを象徴《しょうちょう》する出来事の一つが、先のベネディクト十六世から、今のフランシスコ一世へと、教皇が替《か》わったことだと思います。このあたりについては、イエス様の何らかのご意図、あるいは、霊界《れいかい》からのご指導というものはあったのでしょうか。

イエス・キリスト　それは、この世的な判断のほうが大きかったであろうとは思います。

内部からの批判も多いし、ローマ教皇というのは、世界から注目され、チェックされている立場でありますので、そこの腐敗《ふはい》などをいろいろと暴《あば》かれると、やはり、制度がもたなくなってくるところがあります。

現実に、今、世界のカトリック信徒からの、ローマ教皇庁へのお布施《ふせ》の額は、どんどん減っていて、財政的にも非常に厳しいことになっております。

さまざまな金銭《きんせん》スキャンダルや、あるいは、マフィアとの関係、資金の流用、私物化、それから、性的虐待《ぎゃくたい》など、いろいろなものが出てくると、やはり、信仰《しんこう》を失う者が多いので、人を替えなければいけなくなったのではないでしょうか。

だいたい、（今の教会制度は）私がつくったものではないのです。私が「このようにローマ法王《ほうおう》を続けていけ」というようなかたちで組織をつくり、規則を決めたものではありません。ですから、私が死んだあとに、「つくってくださった」という言い方もあるかもしれませんが、残された者や、あとから弟子《でし》になった者たちの意志によってできた部分があるのです。

私は、生きていた間に、教会一つつくることもできず、十字架《じゅうじか》に架かってこの世を去っておりますので、私が生きているうちに教会制度をつくるところまで行っていれば、少し考え方が違《ちが》った可能性はあると思います。

例えば、「歴代法王は独身でなければいけない」ということなども、私が定めたことではありません。「歴代法王は独身」ということになっておりますが、こんなことは定めていないのです。

ただ、独身で一生を送るという以上、ある意味では、そういう政治力のある男性で、権力を握《にぎ》れるようなタイプの人が、一生を独身で送れること自体、まこと不思議なことではあるわけです。

このへんが、何らかの異常性を生んで、異常な権力欲や権勢欲に変わったり、あるいは、禁欲の代償《だいしょう》としてストレスを解消すべく、裏で何かをやったりしていたことはありえるのではないかと思います。

「金と女がイエスの死刑《しけい》の原因」と考えたペテロ

綾織　カトリックでは、同性愛や同性婚《どうせいこん》の問題だけではなく、「離婚《りこん》を認めるのかどうか」ということや、避妊《ひにん》や中絶の問題についても、いろいろと議論を戦わせております。

イエス・キリスト　そのいずれも、私が認めたものでも、私が制定したものでもなく、ペテロ以下からできたとされる制度ではあります。

綾織　これについては、イエス様ご自身の生前のご結婚の状況《じょうきょう》や、さらには、「お子様もいたのではないか」という説もありますので、可能な範囲《はんい》で、何かお言葉を頂けますでしょうか。

イエス・キリスト　『聖書』は、私の死後、四十年から六十年ぐらいかけて編《へん》纂《さん》されたものであるので、後世の者の手が、だいぶ入ってはいるでしょう。ですから、「『聖書』が成立したのは、ユダヤの国が滅《ほろ》びた年代に入っている」ということです。

したがって、その考え方は、滅んだユダヤの歴史と同時期か、そのあとに書かれたものということになります。そのため、『聖書』のなかには、地中海の離島で書かれたものや、あるいは、ローマのなかに残りながら書いたもの、カタコンベ（地下教会）で書いたものなど、いろいろ原型としては遺《のこ》っていますが、どれが正典で、どれが外典であるかも、なかなか分からない部分があると思うのです。

また、人が組織を粛清《しゅくせい》していくときには、教えも削《けず》られ、運営方法も変わり、人も粛清されていくものなので、そういう主導権争いはあったのかと思います。

だから、やはり、ペテロとマグダラのマリアの仲が決定的に悪かったことが、かなり大きかったのではないでしょうか。

さらに、私の生前は、ユダが出納《すいとう》係としてお金を握っておりました。お金を集めるのがユダであり、彼は、みんなの食料担当もしていたわけです。

要するに、ペテロは、「金と女が人を堕落《だらく》させる。イエスの死刑《しけい》の原因は金と女であった」と判断したのではないでしょうか。つまり、お金集めをしていたユダに裏切られていますし、「マグダラのマリアとの親密さがいかがわしい」ということが、悪い評判の一つとしてありましたのでね。

もし、『聖書』作成者が捏造《ねつぞう》できるものであるならば、すなわち、ダビデの子から始まって、その血を引く子孫としてのイエス・キリストまでの系譜《けいふ》を書く力があるのだったら、イエスの妻も、どこかの王宮の王女か何かにしたかったでしょうが、それに関しては、あまりにも証人が多かったために、さすがに書くことができなかったのだと思われます。

要するに、「マグダラのマリアは高級娼婦《しょうふ》である」ということは有名であり、隠《かく》すことができない状況であったので、この関係をできるだけ薄《うす》めることに注力したのでしょう。

だから、十二弟子たちと、まあ、ユダは自殺しましたので十一弟子になりますが、この十一弟子たちとマグダラのマリアとの決別が最初にありました。そのため、マグダラのマリアのほうは、エジプト方面から地中海の島の方面に逃《に》げていっておりますね。

神格化するために隠《かく》された「イエスの事実上の結婚《けっこん》」

イエス・キリスト　さらに、事実上、キリスト教を伝道して、世界宗教型に大きく広げたパウロは、生きていたときの私を知りませんでしたし、私の弟子たちを捕《と》らえていた人でもあります。彼は、弟子の弟子ぐらいに当たる筋の人たちから情報を得ていたので、「知らないがゆえに神格化する力も強かった」ということです。

要するに、ペテロが、そうした攻撃《こうげき》材料となるところを消しにかかり、私を知らないパウロが伝道して、キリスト教が「世界宗教」になる基盤《きばん》の部分をつくったあたりで、事実とはかなり違うものが出来上がってきたのではないかと思います。

しかし、これを言うと、キリスト教会自体が崩壊《ほうかい》する可能性があるので、私としては、「嘘《うそ》も二千年続けば、もはや、これを変えることができない」と思っております。

救われるべきことは、お釈迦《しゃか》様についても、「母のお腹《なか》から生まれるや否《いな》や、七歩歩いて『天上天下唯我独尊《てんじょうてんげゆいがどくそん》』と言った」などというような言葉が、いまだに修正されずに遺っていて、「嘘をついた」とは、誰《だれ》も言わずにいることです。ですから、神秘的な物語等は、ある程度、付随《ふずい》しても構わないし、受けざるをえないのではないかと思います。後世になるほど、神秘的で、聖なるものにするために、改変が行われているところがあるのでしょう。

これを全部明かすことは実につらいことで、おそらく、今、信仰を持っている者たちにとっては、教会等への不信感が募《つの》ることになるのではないでしょうか。

ただ、結論をはっきり言えば、あなたがたの言う結婚《けっこん》というものが、「区役所に届け出て受理される」ということであるならば、私は結婚をしたことがありません。しかし、そういうことではない意味での「事実上の結婚」ということであれば、「経験がある」と言わざるをえません。

綾織　ありがとうございます。

法王《ほうおう》自体〝救世主的な存在〟ではない

綾織　本霊言《れいげん》は、たくさんのキリスト教徒の方もご覧になると思いますが、イエス様は、今、どういう仕事をされているのでしょうか。

以前、大川隆法総裁が法話《ほうわ》のなかで、「ブラジルにイエスはいなかった」と……（二〇一三年三月二十四日「常識の逆転」）。

イエス・キリスト　いや、先日、ちょっと行っていましたよ。

綾織　あっ。そうですか。

イエス・キリスト　先日、法王《ほうおう》が行ったときには、いちおう見に行っていました。「いつも、いないわけではないが、いつも、いるわけではない」ということです。

綾織　なるほど。法王と一緒《いっしょ》に動くようなことも……。

イエス・キリスト　いや。そういうわけでもないのですが、一つのイベントではありましたからね。

綾織　はい、はい。

イエス・キリスト　まったく無関心でいるわけにはいかないでしょうから、そういう意味では、見るぐらいは簡単なことですし、何と言いますか、それほど冷たいわけではありません。いちおう、見守ってはいるのです。

しかし、いかんせん、ここ（幸福の科学）とは違いまして、（法王は）一生《いっしょう》懸命《けんめい》、朝の祈《いの》り、夕べの祈りをなされても、私の声を聞くことができないのが残念なところです。

だから、宗教経験者である法王と言っても、「選挙で選ばれる」という意味では、政治家とほとんど同じような選ばれ方をしていますので、「みんなが言うことをきくような人」ということですよね。その選ばれる理由のなかには、やはり、「説教や演説が上手で人の心をつかめる」とか、あるいは、「ある意味での、財政手腕《しゅわん》等を持っている」とか、「人事能力がある」とか、そういうものも入っているとは思うのです。

したがって、「法王自体が救世主的な存在ではない」ことは間違いありません。

キリスト教制度を維持《いじ》してくださっていることに対しては、私も、一定の畏《い》敬《けい》の念を持っていなければいけないかもしれませんが、わが声を聞くことができないのは、悲しいことではあります。

6　イエス・キリストの「現在の仕事」

「幸福の科学の世界宗教化」がメインの関心事

綾織　幸福の科学に対しては、このようなかたちでイエス様からメッセージを頂いているわけですが、普段《ふだん》、キリスト教世界のなかで指導されている方はいらっしゃるのでしょうか。

イエス・キリスト　それは、いろいろと、導くべきところで、まめに働いてはおりますがね。いろいろな活動を世界各地でやっていますから、関係があるところには、多少なりとも霊的《れいてき》な力を加えようと努力していますけれども、今は、「幸福の科学が世界宗教になるように、その道をつくりたい」ということが、いちばんメインの関心事です。

どのようなかたちで、キリスト教国にこの教えを広げていくか。あるいは、イスラム教との関係で、どのようにして広げていくか。そのへんを考えたりすることのほうが、中心的な仕事にはなっていますね。

「迫害《はくがい》」を乗り切れるだけの準備が必要

綾織　最大のキリスト教国はアメリカですが、幸福の科学の教えをアメリカに広げていくためのアドバイスを頂けますでしょうか。

イエス・キリスト　ある程度、準備しなければいけないところがあるので、「大きくなればいい」というだけではないんですよ。つまり、急速に大きくなってきた場合に迫害《はくがい》が来ることは、歴史的に、繰《く》り返し、いろいろなかたちで起きていますし、急速に広がるものは迫害を受ける可能性があるので、やはり、それを乗り切れるだけの準備が必要ではあります。

その意味で、「急いではいるけれども、急いでいないところと両方ある」ということですね。

だから、あなたがたも、人材を育て、いろいろな組織のなかに人を置いておかないと、守り切れない部分があるのではないかと思います。

「主」が地上に肉体を持ったときだけに起きる信仰上《しんこう》の矛盾《むじゅん》

磯野　今、アメリカやヨーロッパ等のキリスト教国への伝道を進めていくなかで、一つ、伝道の障害になっている点として、「地上に人間として生きている大川隆法総裁を神として崇《あが》めることは、どうしても受け入れられない」という強い反発がございます。これを、どのように乗り越《こ》えていけばよろしいでしょうか。

イエス・キリスト　それは、急いでいるからでしょうね。私は、生前、自分のことを「神だ」と言ったことは一度もありません。私が「主」「ロード」と言っていたのは、私ではない人のことだったわけです。

私は、「神の独《ひと》り子」などと言っていたのですが、私が帰天《きてん》してから後《のち》は、いつの間にか、私が「神」と同義になったり、「ロード」「主」というのが私のことになったり、ごっちゃになっています。

やはり、基本的に、そういうところはあるのではないかと思いますね。だから、天皇制についても、先の大戦において、現人神信仰《あらひとがみしんこう》のところが、そうしたキリスト教国から見て、野蛮《やばん》な未開の宗教に思われたのだろうと思います。

また、イスラム教から見れば、「ムハンマドは預言者であって神ではない」ということは、はっきりしていますし、「神は、この世に生まれてこないものだ」という考え方もあります。

それはなぜかと言えば、全知全能であるからです。全知全能であるから、この世には生まれてこない。この世に生まれてくれれば、全知全能でなくなりますからね。どうしても、力が有限になりますから、「神であれば、この世には生まれてこない」という言い方もありますけれども、やはり、考え方として、「霊体の仕組みの問題」を理解しないかぎり、しかたがないのではないかと思いますね。

要するに、(「大川隆法」という地上での姿は) 目に見える部分という意味にしかすぎないので、全部を表すことはできないけれども、いずれ、肉体を持たない姿になれば、そのときには必ず「エル・カンターレ信仰」で一体化するはずです。したがって、それは、肉体を持って地上に降りているときだけに起きる矛盾《むじゅん》だとは思います。

インドにもある「神の一部が地上に出る」という宗教観

イエス・キリスト　ただ、これは、インドの宗教であるヒンズー教などを勉強し、理解している人にとっては、別に不思議でも何でもないことです。だいたい、この世に生まれてきている仏陀《ぶっだ》でも何でも、「ヴィシュヌの化身《けしん》」というような考え方を彼らはしていくわけです。「そういう根源的な大きな神がいて、その化身として『部分』が出てくる」という思想が、すでにインドには出ていますし、実体としては、やはり、それに近いものです。

そのように大きな力を持った神格的存在は、丸ごと、この地上に出てくることがなかなか難しいため、その分身というか、一部を出すというかたちにならざるをえないのです。これは宗教観の問題ですよね。

「ヨブ記」が問う本当の信仰《しんこう》のあり方

イエス・キリスト　キリスト教には、神と人間をはっきり分けるところもありますが、神と人間をはっきり分けながら、その神をまた人格神《じんかくしん》として捉《とら》えているところがあるので、あなたがたから見れば、ここに限界があるのだと思うのです。

「神は人格神だが、その神と人間は絶対に違《ちが》う」というような言い方をするでしょう？

磯野　はい。

イエス・キリスト　だから、『旧約聖書』も含《ふく》めてキリスト教を考えるならば、「義人ヨブは神を裏切るか裏切らないか」を、神（ヤハウェ）と悪魔《あくま》（サタン）が契約《けいやく》して競争したりするような話までが出てきます（「ヨブ記」）。

「ヨブという義人がいる。この人は、どんなことがあっても神を裏切らない。信仰《しんこう》を捨てない」というので、悪魔が、「それでは、本当かどうか、試《ため》してみます」ということになり、次々と、身内が死んだり、病気になって体から膿《うみ》がたくさん出たり、財産がなくなったりするような不幸を数多く起こしたところ、その義人ヨブは神を呪《のろ》い始めます。

その際に、神は、「あなたがた、地上に生きる人間に、神の本当の心が分かるのか」と問うています。それは、「『善が起きれば神を信仰し、自分にとって都合《つごう》の悪いことが起きれば神を信仰しない』というように、利益だけを考えて信仰を立てる人間は、実は、本当の神の心にまで届いていないのだ」という教えですね。

この世の人生においては、善悪、あるいは、悲喜《ひき》こもごも、いろいろなことが起きるのです。

そういう、「マイナスのことや、自分の逆風になることが起きたら、神は信じない」というような人間のために神がいるわけではありません。「この世には、いろいろなことが起きるけれども、善悪や、順風・逆風の両面があるなかで、信仰を貫《つらぬ》くことができるかどうか。そこをこそ、神は見ているのだ」ということが、「ヨブ記」の精神であるわけですね。そういうことも知っておいていただきたい。

「大工の息子《むすこ》」にすぎなかった生前のイエス

イエス・キリスト　ですから、「信じられない」という方は、別に信じなくても結構だけれども、イエス・キリストだって、「大工の息子《むすこ》」と、はっきり出ているわけです。

大工の息子であるからこそ、神殿《しんでん》で急に説法《せっぽう》をし始めたり、神がかってきたりしたら、実の母親であるマリアでさえ、それを信じることができなかった。十字架《じゅうじか》に架かったときは、「大工をやっていればよかったのに、長男だったのに跡継《あとつ》ぎもしないで、『神の独り子』のようなことを言って説法して回り、大勢の群衆に囲まれたかと思ったら、あっという間に捕《つか》まって、磔《はりつけ》に遭《あ》ってしまった」ということで、私が死んだ時点においては、聖母マリアに信仰心があったとは思えない。

その聖母マリアを、妻代わりに「聖女」として立てたのは後世の弟子《でし》たちですね。これは、マグダラのマリアを排除《はいじょ》するためです。マグダラのマリアを排除して、聖母マリアが、まるでイエスの妻であるかのように、絵でも描《えが》かれ、物語でも描かれていますよね。

後世の対策のために、そのように変わっていっているわけですが、生きている間の私の姿は、学校にも行っていない大工の息子でした。

要するに、ラビ（ユダヤ教の教師）になるには、当然、ユダヤ教の教学をやらなければいけないわけですが、私は、宗教家になるための正式な学校を出ていなかったわけです。

のちのパウロなどはきちんと勉強していますが、それ以外は、漁師だったり、取税人《しゅぜいにん》だったり、娼婦《しょうふ》だったりする人たちを弟子として集めて、教えを説いていたので、ちょっとした「街の吹《ふ》きだまり」のような感じだったのかもしれません。

今で言うと、ヒッピーのような人たちが集まって、「ＵＦＯが降りてくる」などと言っているような、あんな宗教に似た感じにしか見えなかったかもしれませんね。

今、「イエスよりも力のある者」が現れている

イエス・キリスト　そういうイエスですけれども、「後世、だんだん神格化が進んでいった」ということです。

生前、「父と子」、あるいは、「主なる神と自分」と言っていたのが、結局、

「父と子は一体だ」ということに最後はなってきたわけですね。

こうしたことは、信仰の形態として、世界の宗教をきちんと勉強すれば理解できることではあるのですが、それを信じられないのなら、逆でも構いません。「イエス・キリストに代わりて、この世に出てきている。イエスが、この世を救えなかったので、イエスより力のある者が現れてきている」というように考えていただいても結構かと思います。

綾織　本日は、同性婚《どうせいこん》の問題から始まって、さまざまな論点についてお話しいただきまして、本当にありがとうございました。

全人類の救いになると思います。

磯野　ありがとうございました。

7 「アメリカへの関与《かんよ》」を明かす

ウィルソン大統領への「国際連盟」に向けた霊的《れいてき》指導は事実

イエス・キリスト　これでよろしいのですか。十分ですか。まだ疑問が残っていないですか。大丈夫《だいじょうぶ》ですか。

天雲　あの、よろしいですか。

イエス・キリスト　はい。

天雲　大丈夫でしょうか。

イエス・キリスト　宇宙人との結婚《けっこん》についてですか。

天雲　いやあ……（笑）。

綾織　すみません、一点だけ、お伺《うかが》いします。

イエス・キリスト　はい。

綾織　手短《てみじか》で結構なのですが、先般《せんぱん》、大平正芳《おおひらまさよし》元首相の霊《れい》をお呼びしまして、お話を伺ったときに（『大平正芳の大復活』〔幸福実現党刊〕参照）、「イエス様がウィルソン大統領を指導されていた」とおっしゃっていました。

それが事実であるならば、イエス様は、ウィルソン大統領を通じて、どのような世界をつくろうとされていたのでしょうか。

イエス・キリスト　「何とか大きな戦争を回避《かいひ》したいと思っていた」ということです。「それぞれの国で国会があるように、主要な国々が会議をして、戦争を抑止《よくし》するような力をつくれたらいいな」と考え、そういう発想を下ろしていたことは事実ですね。

ただ、国際連盟に対して、アメリカ自体が、すなわち、アメリカの国民および議会が、どちらかといえば否定的であったために、軍事的な実行力を十分に伴《ともな》わず、大戦を抑止することができませんでした。

その反省から、今の国連では、「国連軍」というものがつくられるようになったという経緯《けいい》があります。

そうした発想のもととして、ウィルソンに霊的な指導を送ったことはあるわけです。

イエス生前の弟子《でし》「ゼベダイ」がウィルソンの過去世《かこぜ》

綾織 「ウィルソン大統領は、イエス様の弟子《でし》であった」という話もあるのですが……。

イエス・キリスト　まあ、弟子はたくさんいますから、それはそのとおりだと思いますよ。

綾織　イエス様の生前の弟子というわけではなかったのでしょうか。

イエス・キリスト　まあ、生前の弟子かもしれませんね。ただ、みんな、あまり偉《えら》くない人ばかりですよ（笑）。今のアメリカの大統領のほうが偉いですから、名前を言って、うれしいやら、うれしくないやら、それは分かりませんが、ゼベダイという人（十二使徒である大ヤコブ・ヨハネ兄弟の父）がいましたよね。

綾織　あっ！

イエス・キリスト　当時としては、あまり教養のない、漁師の網元《あみもと》ぐらいの人ではないかと思いますけれども、弟子ではありますよね。

アメリカ大統領には折々に霊的《れいてき》アドバイスをしている

綾織　イエス様は、そういう政治的な部分でも、かなり仕事をされ、アドバイスをされてきたように思われるのですが、今も、政治的な面で、アメリカ大統領にアドバイスをされたりするのでしょうか。

イエス・キリスト　それはありますね。必要なときに、折々にアドバイスはしておりますけれども、なかなか思うようにはいきません。紛争《ふんそう》の回避もそう簡単にはいかないですよ。

シリアなどでも、内戦で数多くの人が亡《な》くなっておりますが、主として、あのへんも、昔のキリスト教ができてくるときには、伝道活動の中心地に近いところでした。パウロなども、シリア辺りを伝道の主力地帯として動いていたはずです。

そうした、キリスト教にとっての昔なじみの国や、あるいはエルサレムそのものが紛争の原因になっていることに対しては、とても悲しい思いでいっぱいですけれども、そう簡単に、この世の解決はつきません。先ほどの同性婚ではありませんが、いずれの結論をとるにしても、片方が傷つくことになりますからね。

あのへんは、本当に宗教の〝交差点〟のようなところですので、いろいろな考え方が入っているんですよ。だから、それぞれに、いろいろな宗教の流れを汲《く》んでいる人がこの世に生まれているので、考え方がいろいろと分かれることが多いのです。

そのため、一つの考えで簡単にまとまらないところがございます。

いずれ過去の「判断ミス」を認めざるをえなくなるアメリカ

綾織　アメリカには、まだ、世界のリーダーとしての仕事があるわけですが、もし、今のアメリカの政治家の方々にアドバイスをするとしたら、それは、どういうものになりますでしょうか。

イエス・キリスト　アメリカも苦しんでいるとは思うんですよ。苦しんではいると思うのです。

まあ、米ソの冷戦には勝利したかもしれないけれども、ベトナム戦争以降、実際上の戦争では敗北した面もかなりあるし、「イラク戦争で勝った」と言っても、あれだけ文明落差があるところの住民たちを、十万人単位で、ほとんど写真に写すことができないほど皆殺《みなごろ》しに近い殺し方をしたのを、実際に、アメリカ人が本当に全部見たら、それはもう、大変なショックだろうと思います。その残忍性《ざんにんせい》に関して、やはり、そうとうな衝撃《しょうげき》が起きるだろうと思いますし、あるいは、あの戦争行為《こうい》のもとにある判断に間違《まちが》いがあった可能性も高いと思われます。

そのへんについては、ときどき、何と言うか、ボクシングにおいて、相手の選手のあごを狙《ねら》って打ったパンチがレフェリーに当たるような試合《しあい》の仕方をするのがアメリカであるので、「ミスは多かったかな」とは思いますね。

だから、今、日本神道《しんとう》系の神々の巻き返しも起きているようですが、これは、先の戦争の判定についての問題が出てきているのです。

アメリカは、今、日米同盟を組んでいる日本に対し、その当時、「悪の帝国《ていこく》」並みの扱《あつか》いをしていたわけですから、「その評価が百八十度変わり、全部をアメリカの手柄《てがら》にしているのは不当である」と、日本の神々はおっしゃっているのだと思うのです。

それには、ある点で当たっているところがあるでしょう。

これについては、文明の優位《ゆうい》を誇《ほこ》っているうちは、なかなか認めないであろうけれども、アメリカにも、これからいろいろな苦難も起きるだろうと思いますので、いずれ、同じ土俵まで降りてきて話し合わなくてはならないところは多少出てくるかもしれませんね。

綾織　はい。

8 「同性婚《どうせいこん》問題」に関する結論

同性婚《どうせいこん》で欧米《おうべい》先進国が衰退《すいたい》したら「モデル国」は日本に移る

天雲　この同性婚《どうせいこん》問題も、地球的正義や、地球的幸福とは何かを考える一つのきっかけになっていると思います。

人類の歴史のなかで、「植民地支配はよくない」という結論に至るまでには、非常に時間がかかったわけですが、もし、神々の意見の違《ちが》いや、あるいは「宇宙人の転生《てんしょう》」ということも絡《から》んでくるとしたら、この同性婚問題についての結論が出るまでに、どのくらいの時間がかかると見通しておられますか。

イエス・キリスト　もしかしたら、人口の調整をしようとしているのかもしれませんね。

同性婚が増えれば、人口は調整されてくるでしょう。いずれ、それほど増えなくなってくるでしょうから、もしかしたら、そのへんも入っているかもしれません。

また、モデルとなった先進国、欧米《おうべい》民主主義国家が、ある意味での国家衰退《すいたい》を起こすと、考え方が変わってくる面もあるかもしれませんね。

つまり、発展途上国《とじょう》がまねだけをしていたのが、まねをしなくなってくる可能性もあると思います。

あるいは、天照大神《あまてらすおおみかみ》様のおっしゃったとおり、同性婚が国家の衰退に直結するものであるならば、日本が次のリーダーになることもありえるでしょう。日本で同性婚が主流になることは、たぶんないと思われますので、そういうこともありえるだろうとは思います。

だから、モデルとすべき国が、こちらのほうに移ってくるかもしれません。

新文明をつくる「産みの苦しみ」はしばらく続く

イエス・キリスト　キリスト教が、今、大きな転換《てんかん》期を、二千年期の転換期を迎《むか》えていることは間違いないと思います。

キリスト教がつくられた土台の部分には、かなりの虚偽《きょぎ》も織り込《こ》まれておりますので、「今、イエスの言葉が臨《のぞ》む」ということ自体、「修正が可能だ」ということを意味しています。

しかし、既存《きそん》勢力にとっては、「それを認めることはできない」ということはあるだろうと思うのです。

ですから、あなたがたも、本当の意味で、キリスト教圏《けん》で、何百万、あるいは一千万を超《こ》える大きな勢力を持つようになってきたら、いろいろなものとの衝突《しょうとつ》がもっと激しく出てくるし、政治性も出てくるだろうと思います。

それが、後世、どのようになっていくかというドラマについては、私は明言ができませんけれども、幸福の科学自体も、先ほど言った国際連盟ではありませんが、世界の神々が集まって、よりよき地球をつくろうとしているわけだから、意見の相違《そうい》を乗り越《こ》えて新文明がつくれるかどうかには、やはり、「産みの苦しみ」が、今後しばらく続くであろうと思っております。

「思うようにさせない」というのが現代の平和的迫害《はくがい》

イエス・キリスト　一神教的な考え方からすれば、「ほかの宗教も一緒《いっしょ》に入ってこられるのは、宗教として昔帰りである」と見えるでしょう。それは、ムハンマドから見れば、アッラーの一神教になる前のメッカの多神教に戻《もど》ることでしょうし、キリスト教から見れば、エジプトの古代の多神教に戻ることかもしれないので、このへんのところの難しさはあるはずです。

ただ、私たちの目は、もっと大きな、百年単位ぐらいでしか見ていません。

したがって、その間、細かいことで救い切れない面はあるかもしれないけれども、大きな気持ちでやっていかれるのがよいだろうと思います。

おそらく、今、国際伝道や政治等で、思うに任せない部分はあるだろうけれども、「これは現代的な平和的迫害《はくがい》だ」と考えればよいと思います。現代的・平和的迫害なのです。つまり、「思うようにさせない」という迫害が起きているけれども、それは現代的・平和的迫害であると考えたほうがよいと思いますね。

天雲　ありがとうございました。

綾織　人類にとって、大きな福音《ふくいん》になると思います。
　本日は、ありがとうございました。

同性婚《どうせいこん》に対するイエスの結論は「自由」

イエス・キリスト　ああ、結論を言っていなかったですか。同性婚《どうせいこん》がイエスかノーか。結局、結論を言っていなかったですか。

綾織　そうですね。もし、その部分をお伺《うかが》いできるのであれば、お願いいたします。

イエス・キリスト　私の考えは、「自由」です。
「どうぞ、自由に選んでください。その結果には責任が生じます。同性婚をすることで、もし、それが、その人の人生にとってプラスになり、社会にとってプラスになるのなら、それでも結構です。ただ、それが全体の退廃《たいはい》になっていくのなら、それは悪なるものにも転化するでしょう」ということですね。

もちろん、「ノーマルな異性との関係が、平和裡《り》に発展的につながっていくことのほうがよい」とは考えておりますけれども、これも今、大きな問題を含《ふく》んでいることは事実ですので、これを乗り越えられるかどうか。

いずれにしても、真なる愛の問題について、利害を中心にして、この世的に考えているために、いろいろな倒錯《とうさく》現象が起きているのではないかと思います。

男女の問題も、利害だけで考えていくようになったら、やはり、それは真なる愛とは関係がないものになっていくのではないかと思っております。

だから、「今、イエス・オア・ノーで、はっきりと言え！」と言うのでしたら、「自分の今世《こんぜ》の問題として、どう考えてもどう考えても同性婚のほうに惹《ひ》かれていく」というのであれば、ある程度、しかたがないでしょうね。それは経験として、なされたらいいし、あるいは、過去世《かこぜ》で本当は夫婦《ふうふ》であった魂《たましい》が、女性同士、男性同士で生まれていることもないことはないので、「全部が間違っている」とは必ずしも言えないでしょう。

ただ、自分たちの立場を正当化するために、「ほかの人も、みんな右へ倣《なら》えで、全員同じようにしろ」という言い方は間違いであって、やはり、異性との結婚、ないしは、異性との愛が主流であるべきだろうと思うし、(同性婚によって)「国家が存亡《そんぼう》の危機を迎える可能性もある」という観点は、一つ持っていなければなりません。

ただし、「犯罪的行為《こうい》だ」などと思っているわけではないのです。

「国として同性婚《どうせいこん》を認めるか否《いな》か」の選択《せんたく》も自由

綾織　それは、「個人としては自由だ」ということだけでなく、国においても、「それぞれの考え方がある」ということでしょうか。

イエス・キリスト　ですから、国によって、「発展したい」と思っている国もあれば、「没落《ぼつらく》したい」と思っている国もあるわけで、その選び方は「自由」でしょう。

綾織　はい。

イエス・キリスト　それは、しばらくやってみれば分かることでしょうからね。

先ほども言いましたが、人種の坩堝《るつぼ》であることがアメリカの活力になったように、「ゲイもストレートも同じ扱《あつか》いをしたほうが、国力が増す」と考えている指導者が、今、それを実験しようとしていらっしゃるのでしょうから、そうなるかどうかは、やってみなければ分からないことです。

「いじめがなくなって、ゲイもストレートも、みんな平等に学校に通えて、よくなり、国力が増す」というのであれば、それでもよいかもしれませんが、その結果は、やがて出てくることであろうと思います。

ただ、私は、必ずしも、ストレートに、「ソドムとゴモラ」風には考えてはおりません。

カトリックを揺《ゆ》るがす「愛の人」イエスの告白

イエス・キリスト　それから、私自身、「哲学《てつがく》者のように一生を独身で送ったわけではなく、異性に惹《ひ》かれたこともあった」ということは言っておかざるをえません。

先ほど、「子供はいたのか」という質問もありましたが、「歴史上は抹殺《まっさつ》されていたけれども、存在したかもしれない」ということは申し述べておきたいと思います。

これは、カトリックの教義を揺《ゆ》さぶることにはなりますが、「アモール（愛）の人」ですから（笑）、しかたがない部分はあるかと思っております。「もともと、儒教《じゅきょう》の孔子《こうし》のような人ではなかった」ということであります。

綾織　はい。明確なお答えを頂きまして、本当にありがとうございました。

イエス・キリスト　はい。

大川隆法　それでは以上にします。ありがとうございました。

あとがき

カトリックでは歴代法王《ほうおう》や神父《しんぷ》は独身である。プロテスタントでは、牧師《ぼくし》は結婚して家庭を持ってよい。仏教も本来は、出家者《しゅっけしゃ》は独身であったが、お寺の継承《けいしょう》問題もあって、ことに親鸞《しんらん》以降は他宗派まで結婚するようになってきた。原理的に釈尊の教えを継《つ》ぐ上座部仏教《じょうざぶぶっきょう》では、僧職者は結婚を許されないが、タイなどでは同性愛や性転換が進むなど、逆流現象《ぎゃくりゅうげんしょう》が起きている。

同性愛・同性婚については、現代は文明の実験期にあると思うので、イエスが本文中に述べたように、果実《かじつ》で判断されるしかないのかもしれない。天照大《あまてらすおお》神《かみ》の言われるように、果たして同性婚を認めた国が百年以内に消滅していくかどうかも、しずかに見守るしかあるまい。女性が男性と完全な同権を要求した時、そこに天国か地獄か、いずれが現れるか。医学の進歩は神の領域をおかすか。

多難な時代を私たちは生きねばなるまい。

二〇一三年　八月八日

幸福《こうふく》の科学《かがく》グループ創始者兼総裁《そうししゃけんそうさい》　大川隆法《おおかわりゅうほう》

『イエス・キリストに聞く「同性婚問題」』大川隆法著作関連書籍

『太陽の法』（幸福の科学出版刊）
『黄金の法』（同右）
『2012年人類に終末は来るのか？』（同右）
『トルストイ――人生に贈る言葉』（同右）
『天照大神の未来記』（同右）
『大平正芳の大復活』（幸福実現党刊）

※左記は書店では取り扱っておりません。最寄りの精舎・支部・拠点までお問い合わせください。

『黒帯英語初段⑦』（宗教法人幸福の科学刊）

イエス・キリストに聞《き》く「同性婚問題《どうせいこんもんだい》」

――性と愛を巡って――

2013年 8 月21日　初版第 1 刷

著　者　　大《おお》川《かわ》隆《りゅう》法《ほう》

発行所　　幸福の科学出版株式会社

〒107-0052 東京都港区赤坂 2 丁目 10 番 14 号
TEL(03)5573-7700
http://www.irhpress.co.jp/

印刷・製本　株式会社 東京研文社

落丁・乱丁本はおとりかえいたします

ISBN978-4-86395-379-6 C0030

大川隆法ベストセラーズ・霊的人生観を学ぶ

心と体のほんとうの関係。

スピリチュアル健康生活

性同一性障害、心臓病、胃潰瘍、パニック障害、リウマチ、過食症、拒食症、エイズ、白血病などについて、霊的な目から見た驚きの真実が明かされる。

1,500円

霊的世界のほんとうの話。

スピリチュアル幸福生活

あの世はどうして見えないのか? 36問のQ＆A形式で、霊界や守護霊等についての素朴な疑問に答える。生まれ変わりの霊的真実も明かされる。

1,400円

地獄の方程式

こう考えたらあなたも真夏の幽霊

どういう考え方を持っていると、死後、地獄に堕ちてしまうのか──その心の法則が明らかに。「知らなかった」ではすまされない、霊的真実。

1,500円

幸福の科学出版

大川隆法 ベストセラーズ・愛の本質に目覚める

限りなく優しくあれ

愛の大河の中で

愛こそが、幸福の卵である。霊的視点から見た、男女や結婚、家庭のあり方や、愛の具体化の方法が、日常生活に即して語られた書。

1,500円

愛、無限

偉大なる信仰の力

真実の人生を生きる条件、劣等感や嫉妬心の克服法などを解き明かし、主の無限の愛と信仰の素晴らしさを示した現代の聖書。

1,600円

無限の愛とは何か

今よみがえる愛の福音

本書そのものが、無限者からの無限の愛である。主の降臨と愛の復活を説く本書は、信仰の真の意味をも、あなたに教えるであろう。

1,000円

※表示価格は本体価格（税別）です。

大川隆法霊言シリーズ・最新刊

天照大神の未来記

この国と世界をどうされたいのか

日本よ、このまま滅びの未来を選ぶことなかれ。信仰心なき現代日本に、この国の主宰神・天照大神から厳しいメッセージが発せられた!

1,300円

「仏説・降魔経」現象編――「新潮の悪魔」をパトリオットする

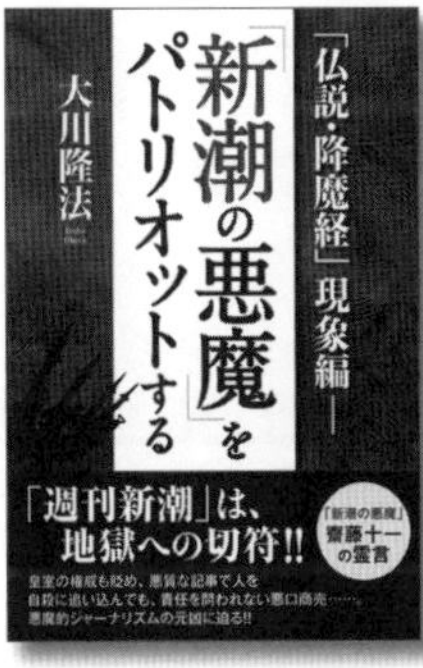

「週刊新潮」「FOCUS」を創刊し、新潮社の怪物と称された齋藤十一の霊が、幸福の科学を敵視する理由を地獄から激白!

1,400円

AKB48 ヒットの秘密

マーケティングの天才・秋元康に学ぶ

放送作家、作詞家、音楽プロデューサー。30年の長きに渡り、芸能界で成功し続ける秘密はどこにあるのか。前田敦子守護霊の言葉も収録。

1,400円

大川隆法 ベストセラーズ・世界で活躍する宗教家の本音

大川隆法の守護霊霊言

ユートピア実現への挑戦

あの世の存在証明による霊性革命、
正論と神仏の正義による政治革命。
幸福の科学グループ創始者兼総裁
の本心が、ついに明かされる。

1,400円

政治革命家・大川隆法

幸福実現党の父

未来が見える。嘘をつかない。タブー
に挑戦する——。政治の問題を鋭く
指摘し、具体的な打開策を唱える幸福
実現党の魅力が分かる万人必読の書。

1,400円

素顔の大川隆法

素朴な疑問からドキッとするテーマま
で、女性編集長3人の質問に気さくに
答えた、101分公開ロングインタビュー。
大注目の宗教家が、その本音を明かす。

1,300円

※表示価格は本体価格（税別）です。

幸福の科学グループのご案内

宗教、教育、政治、出版などの活動を通じて、地球的ユートピアの実現を目指しています。

宗教法人　幸福の科学

一九八六年に立宗。一九九一年に宗教法人格を取得。信仰の対象は、地球系霊団の最高大霊、主エル・カンターレ。世界百カ国以上の国々に信者を持ち、全人類救済という尊い使命のもと、信者は、「愛」と「悟り」と「ユートピア建設」の教えの実践、伝道に励んでいます。

（二〇一三年八月現在）

愛

幸福の科学の「愛」とは、与える愛です。これは、仏教の慈悲《じひ》や布施《ふせ》の精神と同じことです。信者は、仏法真理をお伝えすることを通して、多くの方に幸福な人生を送っていただくための活動に励んでいます。

悟り

「悟り」とは、自らが仏の子であることを知るということです。教学《きょうがく》や精神統一によって心を磨き、智慧《ちえ》を得て悩みを解決すると共に、天使・菩薩《ぼさつ》の境地を目指し、より多くの人を救える力を身につけていきます。

ユートピア建設

私たち人間は、地上に理想世界を建設するという尊い使命を持って生まれてきています。社会の悪を押しとどめ、善を推し進めるために、信者はさまざまな活動に積極的に参加しています。

国内外の世界で貧困や災害、心の病で苦しんでいる人々に対しては、現地メンバーや支援団体と連携して、物心両面にわたり、あらゆる手段で手を差し伸べています。

年間約３万人の自殺者を減らすため、全国各地で街頭キャンペーンを展開しています。

公式サイト **www.withyou-hs.net**

ヘレン・ケラーを理想として活動する、ハンディキャップを持つ方とボランティアの会です。視聴覚障害者、肢体不自由な方々に仏法真理を学んでいただくための、さまざまなサポートをしています。

公式サイト **www.helen-hs.net**

INFORMATION

お近くの精舎・支部・拠点など、お問い合わせは、こちらまで！

幸福の科学サービスセンター

TEL. 03-5793-1727（受付時間 火〜金：10〜20時／土・日：10〜18時）

宗教法人 幸福の科学 公式サイト happy-science.jp

教育

学校法人 幸福の科学学園

学校法人 幸福の科学学園は、幸福の科学の教育理念のもとにつくられた教育機関です。人間にとって最も大切な宗教教育の導入を通じて精神性を高めながら、ユートピア建設に貢献する人材輩出を目指しています。

幸福の科学学園

中学校・高等学校（那須本校）
2010年4月開校・栃木県那須郡（男女共学・全寮制）
TEL **0287-75-7777**
公式サイト **happy-science.ac.jp**

関西中学校・高等学校（関西校）
2013年4月開校・滋賀県大津市（男女共学・寮及び通学）
TEL **077-573-7774**
公式サイト **kansai.happy-science.ac.jp**

幸福の科学大学（仮称・設置認可申請予定）
2015年開学予定
TEL **03-6277-7248**（幸福の科学 大学準備室）
公式サイト **university.happy-science.jp**

仏法真理塾「サクセスNo.1」

小・中・高校生が、信仰教育を基礎にしながら、「勉強も『心の修行』」と考えて学んでいます。
TEL **03-5750-0747**（東京本校）

不登校児支援スクール「ネバー・マインド」

心の面からのアプローチを重視して、不登校の子供たちを支援しています。
また、障害児支援の「**ユー・アー・エンゼル！**」運動も行っています。
TEL **03-5750-1741**

エンゼルプランV

幼少時からの心の教育を大切にして、信仰をベースにした幼児教育を行っています。
TEL **03-5750-0757**

NPO 活動支援

学校からのいじめ追放を目指し、さまざまな社会提言をしています。また、各地でのシンポジウムや学校への啓発ポスター掲示等に取り組むNPO「いじめから子供を守ろう！ネットワーク」を支援しています。

公式サイト **mamoro.org**
相談窓口 **TEL.03-5719-2170**
ブログ **mamoro.blog86.fc2.com**

政治

幸福実現党

内《ない》憂《ゆう》外《がい》患《かん》の国難に立ち向かうべく、二〇〇九年五月に幸福実現党を立党しました。創立者である大川隆法党総裁の精神的指導のもと、宗教だけでは解決できない問題に取り組み、幸福を具体化するための力になっています。

党員の機関紙
「幸福実現NEWS」

TEL 03-6441-0754
公式サイト hr-party.jp

出版メディア事業

幸福の科学出版

大川隆法総裁の仏法真理の書を中心に、ビジネス、自己啓発、小説など、さまざまなジャンルの書籍・雑誌を出版しています。他にも、映画事業、文学・学術発展のための振興事業、テレビ・ラジオ番組の提供など、幸福の科学文化を広げる事業を行っています。

TEL 03-5573-7700
公式サイト irhpress.co.jp

入会のご案内

あなたも、幸福の科学に集い、ほんとうの幸福を見つけてみませんか？

幸福の科学では、大川隆法総裁が説く仏法真理をもとに、
「どうすれば幸福になれるのか、また、
他の人を幸福にできるのか」を学び、実践しています。

入会

大川隆法総裁の教えを信じ、学ぼうとする方なら、どなたでも入会できます。入会された方には、『入会版「正心法語」』が授与されます。（入会の奉納は1,000円目安です）

ネットでも**入会**
できます。詳しくは、
下記URLへ。
happy-science.jp/joinus

三帰《さんき》誓願《せいがん》

仏弟子としてさらに信仰を深めたい方は、仏・法・僧の三宝への帰依を誓う「三帰誓願式」を受けることができます。三帰誓願者には、『仏説・正心法語』『祈願文①』『祈願文②』『エル・カンターレへの祈り』が授与されます。

植福《しょくふく》の会

植福は、ユートピア建設のために、自分の富を差し出す尊い布施の行為です。布施の機会として、毎月1口1,000円からお申込みいただける、「植福の会」がございます。

「植福の会」に参加された方のうちご希望の方には、幸福の科学の小冊子（毎月1回）をお送りいたします。
詳しくは、下記の電話番号までお問い合わせください。

月刊
「幸福の科学」

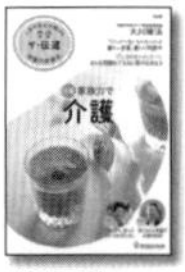

ザ・伝道

ヤング・ブッダ

ヘルメス・
エンゼルズ

INFORMATION

幸福の科学サービスセンター
TEL. 03-5793-1727（受付時間 火～金：10～20時／土・日：10～18時）
宗教法人 幸福の科学 公式サイト **happy-science.jp**